www.as-verlag.ch

© AS Verlag & Buchkonzept AG, Zürich 2010
Konzept/Gestaltung: www.vonarxgrafik.ch,
Heinz von Arx, Urs Bolz, Zürich
Übersetzung: Claude Solioz, Sion
Lektorat: Monika Schib Stirnimann, Basel
Korrektorat: Brigitte Frey, Kaiseraugst
Druckvorstufe: Urs Bolz, Zürich
Farblithos: Litho Atelier Thalmann GmbH, Wollerau
Druck: Sihldruck AG, Zürich
Einband: Grossbuchbinderei Josef Spinner
GmbH, Ottersweier
ISBN 978-3-909111-71-8

Bildnachweis · Crédit photographique
Archiv AS-Verlag, Zürich: S. 15 r., 18, 19,
20, 21, 22, 31 l., 78–79
Archiv Dampfbahn DFB: S. 6, 26 r., 124,
135 u., 138–139
Atila Kalayci, Luzern: S. 92–93
Beat Moser, Brig-Glis: S. 66–67, 71, 74–75,
81–84, 85 o., 88–89, 91, 94 u., 95, 108–109,
111–113, 115–116, 120–121, 125, 129, 132–
134, 135 o., 137, 140 o., 141–143, 145–153, 156,
162–165, 167–171, 172 u., 174–176, 177 u. l.,
180–181, 186–187, 190–201, 204–205
Christof Sonderegger, Rheineck: Umschlag o.,
S. 2–3, 32–65, 114, 117, 161, 166, 172 o.,
173, 177 o., u. r., 206–207
Hansueli Fischer, Wislikofen: S. 76–77,
98–99, 106 o., 106 r. u., 107 o., M.

Martin Fränsing, Altdorf: S. 140 u.
Martin Horath, Goldau: S. 68–69, 72 o.
Photoglob AG, Zürich: S. 15 o., 16
Ralph Schorno, Winterthur: S. 24–25, 26 l.,
27, 102–103, 154–155
Regula Willi-Hangartner, Brunnen: S. 72 u.,
73, 80, 85 u., 86–87, 94 o.
Sammlung Stefan Wagner, Limburg: S. 8–9,
11, 13, 14, 15 l., 28–29
Sammlung Heinz Seyller, Andermatt: S. 31 r.
Urs Jossi, Grindelwald: Umschlag u.,
S. 104–105, 118–119, 122–123, 126–128,
130–131, 144, 157, 158–159, 178–179,
182–183, 185, 188–189, 202–203
Urs Sigg, Affoltern a. Albis: S. 96–97, 100–101
Werner Beer, Suhr: S. 106 M., 106 l. u., 107 u.

ERLEBNIS FURKA-BERGSTRECKE
Aventure Ligne sommitale de la Furka

Texte · Textes
Beat Moser, Peter Krebs

Fotos · Photos
**Christof Sonderegger,
Beat Moser, Urs Jossi u. a.**

Herausgeber · Publié par:
Dampfbahn Furka-Bergstrecke AG

AS Verlag

Die Erlebniswelt der Dampfbahn Furka-Bergstrecke
Les attractions du chemin de fer à vapeur de la Furka

— Wanderwege / Chemins pédestres
-- Verlauf der europäischen Wasserscheide / Ligne de partage des eaux
-- Furka Basistunnel (Bus/Autoverlad) / Tunnel de base de la Furka (transport autos/bus)

Inhalt

- 9 **Verkehrsgeschichte an der Furka**
  - Der Gletscher, der das Weltbild veränderte · 10
  - Wer wagt, gewinnt · 17
  - Das Unmögliche wird möglich · 23
  - Tourismus zwischen Furka und Gotthard · 28
- 33 **Rund um die Furka**
  - Wandertipps an der Furka · 66
- 69 **Erwachen aus dem Winterschlaf**
  - Der Schnee muss weg! · 74
  - Schneeräumung damals · 78
  - Montage der Steffenbachbrücke · 84
- 89 **Stützpunkt Realp**
  - Lokwerkstätte Chur · 98
  - Back to Switzerland · 103
  - Wagenwerkstätte Aarau · 107
- 109 **Erlebnis Furka-Bergstrecke**
- 110 **Realp–Tiefenbach**
  - Zwischen Wasser und Fels
  - Fronarbeit und Furka-Virus · 134
- 136 **Tiefenbach–Furka–Muttbach**
  - Milchkühe und Alpenrosen
  - Furka-Scheiteltunnel · 154
- 160 **Muttbach–Gletsch**
  - Talfahrt mit Gletscherblick
  - Zwischenhalt in Gletsch · 176
- 184 **Gletsch–Oberwald**
  - An der jungen Rhone
  - Wiederaufbau Oberwald–Gletsch · 196
  - Anschluss in Oberwald · 204

Indice

- 9 **Histoire ferroviaire au col de la Furka**
  - Le glacier qui a changé la vision du monde · 10
  - La fortune sourit aux audacieux · 17
  - Réaliser l'impossible · 23
  - Tourisme entre Furka et Gothard · 28
- 33 **Autour de la Furka**
  - Sélection de randonnées à la Furka · 66
- 69 **Fin de l'hivernage**
  - Il faut déneiger! · 74
  - Déneigement d'antan · 78
  - Montage du pont du Steffenbach · 84
- 89 **Base de Realp**
  - Atelier de locomotives Coire · 98
  - Back to Switzerland · 103
  - Atelier de wagons Aarau · 107
- 109 **Aventure Ligne sommitale de la Furka**
- 110 **Realp–Tiefenbach**
  - Entre eau et roche
  - Atteints par le virus de la Furka · 134
- 136 **Tiefenbach–Furka–Muttbach**
  - Vaches et Rhododendrons
  - Tunnel de faîte de la Furka · 154
- 160 **Muttbach–Gletsch**
  - Descente avec vue sur le glacier
  - Arrêt intermédiaire à Gletsch · 176
- 184 **Gletsch–Oberwald**
  - En côtoyant le Rhône juvénile
  - Reconstruction Oberwald–Gletsch · 196
  - Raccordement à Oberwald · 204

Verkehrsgeschichte an der Furka
Histoire ferroviaire au col de la Furka

Texte · Textes: Peter Krebs

Der Gletscher, der das Weltbild veränderte
Le glacier qui a changé la vision du monde

Der Rhonegletscher ist einer der am besten erforschten Eisströme der Alpen. Und er hat der Glaziologie entscheidende Impulse verliehen. Wegen seiner leichten Zugänglichkeit wurde er auch zum Touristenmagneten.

Im Jahr 1779 unternahm der 30-jährige und schon berühmte Johann Wolfgang Goethe seine zweite Schweizer Reise. Am 12. November, während eines reichlich kühnen Marsches über den frisch verschneiten Furkapass, bestaunte er den Rhonegletscher: «Es ist der ungeheuerste, den wir so ganz übersehen haben. Er nimmt den Sattel eines Berges in sehr grosser Breite ein, steigt ununterbrochen herunter bis da, wo unten im Tal die Rhone aus ihm herausfliesst.» Goethe und der junge Herzog Karl August von Sachsen-Weimar, der ihn begleitete, werden zwar nicht den ganzen Gletscher überblickt haben, sondern nur den unteren Teil. Eine Darstellung von Henri Besson aus dem Jahr 1777 zeigt aber, wie eindrücklich schon nur dieses Ende des gefrorenen Stroms erschien, das einen guten Teil des Talbodens ausfüllte. Der Franzose verfasste das erste wissenschaftliche Reisehandbuch über die Schweiz und führte dazu genaue Messungen durch. Das Gletscherende lag gemäss Besson 585 Meter östlich der Thermalquelle von Gletsch, das 1777 aus einigen Alphütten bestand.

Der Hauptteil des Eises breitete sich von unten unsichtbar hinter der Sattelkante aus: eingebettet zwischen einem östlichen Grat, der sich vom Kleinen Furkahorn über den markanten Dammastock bis zum Eggstock hinzieht, sowie einem westlichen, dessen Endpunkte die Gelmerhörner und der Tieralplistock markieren. Von Letzterem zieht sich ein weiterer Grat hinüber zur Wysse Nollen. Auf diesem nördlichen Abschnitt berührt der Rhonegletscher seinen bernischen Nachbarn, den Triftgletscher. Zusammen formen sie ein immer noch mächtiges Eisdach, das an den tiefsten Stel-

Le glacier du Rhône est un des fleuves de glace les mieux étudiés au monde. Et il a donné des impulsions décisives à la glaciologie. Facile d'accès, il est devenu une attraction touristique.

En 1799, Johann Wolfgang Goethe, qui avait alors trente ans et était déjà célèbre, a entrepris son deuxième voyage en Suisse. Le 12 novembre, lors d'une marche par-dessus le col de la Furka enneigé, il a admiré le glacier du Rhône: «Il est le plus colossal que nous ayons pu embrasser du regard. Il occupe tout l'ensellement entre deux montagnes et descend inexorablement jusque dans la vallée où le Rhône prend sa source.» Goethe et le jeune duc Karl August de Saxe-Weimar qui l'accompagnait n'ont probablement vu que sa partie inférieure. Une représentation de 1777, faite par Henri Besson, montre que cette portion du fleuve gelé, qui occupait une bonne partie du fond de la vallée de Gletsch, était déjà très impressionnante. Ce citoyen français a rédigé le premier manuel de voyage de la Suisse et a fait des relevés précis à cet effet. Selon Besson, la pointe du glacier se trouvait à 585 mètres à l'est de la source thermale de Gletsch, qui à l'époque était fait de quelques huttes d'alpage.

La plus grande partie de la glace s'étalait derrière le sommet de l'ensellement, déposée entre une crête à l'est qui s'étend du Klein-Furkahorn à l'Eggstock en passant par le Dammastock, et d'une autre à l'ouest, délimitée par les Gelmerhörner et le Tieralplistock. De ce dernier part une autre crête vers le Wysse Nollen. Sur ce tronçon au nord, le glacier du Rhône entre en contact avec le Triftgletscher, son voisin bernois. Ensemble, ils forment une calotte glaciaire importante qui peut toujours atteindre une épaisseur de plusieurs centaines de mètres. C'est ici, dans la zone d'accumulation, que la glace se forme.

Au cours du XVIIIe siècle, dit le Siècle des Lumières, les hommes ont modifié leur façon d'ap-

Erste druckgrafische Ansicht des Rhonegletschers von J. M. Füssli (1746).

Première vue imprimée du glacier du Rhône de J. M. Füssli (1746).

len mehrere hundert Meter stark ist. Hier befindet sich das Nährgebiet des Eisstroms, hier bildet sich das Eis.

Im 18. Jahrhundert, dem Zeitalter der Aufklärung, begannen sich die Menschen auf eine neue Art mit der Natur zu befassen. Sie misstrauten der biblischen Schöpfungsgeschichte und wollten die Kräfte begreifen und vermessen, die im Gebirge walteten. Gleichzeitig erkannten sie die Schönheiten der Gipfel und Täler. So setzte sich – oft von Forschern, Literaten und Künstlern aus dem Ausland angeregt – eine neue Sicht der Alpen durch, die später viel zum Selbstverständnis der Schweiz, aber auch zum Aufkommen des Tourismus beitrug und die bis heute nachwirkt. Die Gletscher gehörten wie Schluchten, Wildbäche oder Wasserfälle zu den besonderen Attraktionen dieses neu entdeckten Arkadiens vor der Haustür. «Eine

préhender la nature. Ils se sont méfiés des affirmations de la Genèse et désiraient connaître et mesurer les forces naturelles, tout en admirant les beautés des paysages de montagne. Souvent inspirée par des naturalistes, écrivains ou chercheurs d'origine étrangère, une nouvelle perception des Alpes s'est imposée. Plus tard, elle a contribué à former la perception de soi de la Suisse et a favorisé l'avènement du tourisme; elle est perceptible encore de nos jours. Glaciers, gorges, torrents et cascades étaient les attractions de cette Arcadie qu'on découvrait devant sa porte. «Nulle part au monde on ne trouvera pareille vue céleste», s'exclamait le poète allemand Wilhelm Heinse, quand il se trouvait au pied du glacier du Rhône une année après Goethe: on perçoit déjà le romantisme, au cours duquel les Alpes impressionnantes vont subir une plus-value supplémentaire.

On n'avait toutefois que peu de connaissances des glaciers. La théorie des glaciations n'avait pas encore été élaborée. Celle du «vulcanisme» était prédominante, qui prétendait que la terre se refroidissait continuellement depuis sa création. Mais d'où provenaient donc ces gros blocs de roche étrangers de gneiss et de granit qu'on trouvait sur le Plateau Suisse et même dans le Jura calcaire? Les explications les plus folles avaient cours. Certains croyaient que les rocs étaient tombés du ciel, d'autres expliquaient leur provenance par d'immenses inondations, dont le déluge, ce qui fit que ces pierres prirent le nom de «matériel diluvien». Même le célèbre naturaliste genevois Horace-Bénédict de Saussure (1740–1799), «l'inventeur» de l'alpinisme, était un adepte de cette théorie.

Le paysan valaisan et chasseur de chamois Pierre Perraudin, du Val de Bagnes, n'y croyait pas. Ses observations faites sans idées préconçues lui ont permis de conclure que de la glace recouvrait anciennement la vallée jusqu'à Martigny dans la vallée du Rhône, elle aussi ensevelie sous un gla-

himmlischere Aussicht kann wohl auf der Welt nirgends gefunden werden.» So empfand der deutsche Dichter Wilhelm Heinse, als er ein Jahr nach Goethe am Fuss des Rhonegletschers stand: Da klingt schon die Romantik an, in der die dramatischen Alpen dann eine weitere ideelle Wertsteigerung erfuhren.

Über die Gletscher wusste man allerdings wenig. Die Theorie der Eiszeiten war noch nicht entwickelt. Es herrschte die Lehrmeinung der «Vulkanisten» vor, die der Ansicht waren, die Erde kühle sich seit ihrer Entstehung kontinuierlich ab. Aber wo kamen eigentlich die riesigen Blöcke fremden Gesteins her, die «Fündlinge», die an den Hügeln des Mittellandes und sogar im Jura anzutreffen waren, einem Kalkgebirge, in dem die Menschen die rätselhaften Blöcke aus Gneis und Granit sogar zum Hausbau verwendeten? Dafür gab es die unterschiedlichsten Erklärungen. Die einen meinten, die Felsen seien vom Himmel gestürzt, andere erklärten ihre Herkunft mit riesigen Überschwemmungen, darunter auch die Sintflut, sodass man die Steine als diluvianisches Material bezeichnete. Selbst der berühmte Genfer Naturforscher Horace-Bénédict de Saussure (1740–1799), der «Erfinder des Bergsteigens», vertrat diese Theorie.

Der Walliser Bauer und Gämsjäger Jean-Pierre Perraudin aus dem Val de Bagnes glaubte nicht daran. Seine unvoreingenommenen Beobachtungen brachten ihn zur Einsicht, Eis müsse einst sein Tal zugedeckt haben, bis hinunter ins Rhonetal bei Martigny, das ebenfalls unter einem Gletscher begraben gewesen sei. Kaum einer nahm den Ungebildeten ernst. «Ich fand seine Hypothese so ungewöhnlich, ja so extravagant, dass ich es nicht für nötig hielt, über sie nachzudenken», schrieb Jean de Charpentier, Geologe und Direktor der Salinen von Bex. Eine Ausnahme bildete Ingenieur Ignaz Venetz aus Visperterminen, der Perraudin 1815 traf und sich von dessen Überlegungen anregen liess. Venetz stellte nun seinerseits Beobachtun-

cier. Presque personne ne prit au sérieux les dires de cet illettré. Jean de Charpentier, géologue et directeur des salines de Bex, écrivait qu'il trouvait cette hypothèse tellement inhabituelle, même extravagante, qu'il estimait inutile d'y réfléchir. L'ingénieur Ignaz Venetz de Visperterminen faisait exception; il a rencontré Perraudin en 1815 et s'est laissé inspirer par ses réflexions. Venetz se mit à son tour à faire des observations et trouva de nombreuses traces qui indiquaient que le glacier du Rhône était autrefois bien plus grand. Il rédigea et publia en 1833 une étude sur les fluctuations des températures dans les Alpes. Son ami de Charpentier voulait la réfuter. Il examina les blocs erratiques depuis le Valais jusqu'au Jura et dut se rendre à l'évidence: lors de la session de la Société Suisse des Sciences Naturelles à Lucerne en 1834, il a étonné l'auditoire en déclarant que les blocs avaient été transportés par des glaciers dans les temps anciens. Venetz et de Charpentier sont maintenant considérés comme étant les pères de la théorie des glaciations.

Il n'est pas étonnant que cette théorie soit née en Valais. Au cours des dernières glaciations, le glacier du Rhône était le plus puissant des Alpes. Lors de son extension maximale au cours de la glaciation de Riss, il recouvrait une surface de 25 000 km^2; sa langue fourchue s'étendait vers le nord jusqu'à Liestal, de l'autre côté du Jura, et à l'ouest, il s'avançait vers Lyon. Lors du Würm (115 000 à 10 000 ans avant le présent), il s'est de nouveau lancé dans ces directions. Il n'a pas seulement déposé des blocs erratiques sur son chemin, il a creusé des vallées, étalé de fortes couches de gravier et créé d'imposantes moraines.

Son retrait est bien documenté. Il y a 13 500 ans, il arrivait encore à Brigue, il y a 10 000 ans, la pointe de sa langue se trouvait à Oberwald. Il a dû faire une halte à Obergesteln. Une moraine en témoigne, sur laquelle est construite l'église villageoise. Facile d'accès, il est devenu un objet

gen an und fand viele Spuren, die auf eine einstmals viel grössere Ausdehnung des Rhonegletschers hinwiesen. Er verfasste eine Arbeit über die Temperaturschwankungen in den Alpen, die er 1833 veröffentlichte. De Charpentier, sein Freund, wollte sie widerlegen. Er begann, die erratischen Blöcke vom Wallis bis in den Jura zu untersuchen – und liess sich eines Besseren belehren: An der Tagung der Schweizer Gesellschaft für Naturwissenschaften in Luzern verblüffte er 1834 mit der Aussage, die Blöcke seien in Urzeiten von Gletschern transportiert worden. Venetz und de Charpentier gelten heute als die Väter der Eiszeittheorie.

Es ist kein Wunder, dass die Theorie im Wallis entstand. Inzwischen steht fest, dass der Rhonegletscher der mächtigste Alpengletscher war. In der Risseiszeit bedeckte er eine Oberfläche von 25 000 km^2. Seine geteilte Zunge erstreckte sich im Westen bis Lyon, im Norden bis Liestal jenseits des Juras. Auch in der späteren, etwas milderen Würmeiszeit (115 000 bis 10 000 Jahre vor unserer Zeit) erreichte er noch einmal den Jura. Er liess auf seinem Weg mehr als ein paar erratische Blöcke zurück. Er schliff Täler aus, lagerte mehrere hundert Meter tiefe Schotterschichten ab und schuf Moränenhügel.

Sein Rückzug ist gut dokumentiert. Vor 13 500 Jahren reichte er noch bis Brig, vor rund 10 000 Jahren lag das Zungenende bei Oberwald. In Obergesteln muss er einige Jahrzehnte halt gemacht haben. Davon zeugt die Endmoräne, auf der die markante Dorfkirche steht. Nicht zuletzt weil er leicht zugänglich war, wurde der Rhonegletscher in den Anfängen der modernen Glaziologie zu einem beliebten Forschungsgegenstand. Heute gehört er weltweit zu den am besten untersuchten Gletschern. 1874 wählte ihn die Schweizerische Gletscherkommission für umfangreiche Langzeitstudien aus. Als der Lausanner Professor Paul-Louis Mercanton 1916 die Resultate publizierte,

d'études très apprécié dès le début de la glaciologie moderne. Aujourd'hui, il est le glacier le mieux étudié au monde. En 1874, la Commission suisse des glaciers l'a sélectionné pour mener des études complètes de longue durée. Quand le professeur Paul-Louis Mercanton en a publié les résultats en 1916, la longueur, l'épaisseur, la vitesse d'écoulement de la glace (dans la chute de glace près de l'hôtel Belvédère, elle atteignait 230 mètres par année) étaient parfaitement connues dans tous les secteurs, de même que les corrélations entre précipitations et volume de glace. Dans la préface, il est écrit que «le glacier est un gigantesque climatoscope» et «de grande importance pour l'économie hydrologique»: «durant les années froides et humides, il stocke de l'eau sous forme de glace et la restitue à nos rivières durant les périodes chaudes et sèches.»

Les touristes l'admiraient, alors que les scientifiques tentaient de comprendre la vie de la glace,

Die Herberge von Anton Zeiter war das erste Gasthaus im Gebiet von Gletsch und verfügte über 12 beheizbare Zimmer (Lithodruck von Lorenz Justin Ritz, 1836).

L'auberge d'Anton Zeiter était la première maison d'hôte dans la région de Gletsch et disposait de 12 chambres chauffées (impression lithographique de Lorenz Justin Ritz, 1836).

Die Ausmasse des Rhonegletschers im April 1859 mit der Zeiter-Herberge und den vier Steinhütten, die wenig später dem Hotel Glacier du Rhône weichen mussten (druckgrafische Ansicht von Eugène Ciceri).

Les dimensions du glacier du Rhône en avril 1859 avec l'auberge Zeiter et les quatre huttes de pierre, qui, peu après, ont dû céder leur place à l'hôtel Glacier du Rhône (vue imprimée d'Eugène Ciceri).

wusste man genau Bescheid über die Länge und die Dicke des Eises sowie über die Fliessgeschwindigkeit in allen Abschnitten (im Eisfall von Belvédère erreichte sie 230 Meter pro Jahr) und über die Zusammenhänge zwischen den Niederschlägen und dem Volumen. Der Gletscher sei «ein gewaltiges Klimatoskop», heisst es im Vorwort, und von grosser Bedeutung für den Wasserhaushalt: «In nasskalten Jahren speichert er Hunderte von Millionen Kubikmeter Wasser als Eis auf und erhält und speist damit in warmen, trockenen Perioden unsere Flüsse.»

Während die Wissenschaftler das keineswegs starre Eis zu verstehen versuchten, erfreuten sich die Touristen seines Anblicks. Die mutigeren wagten sich mit Seil und Pickel auf die von gefährlichen Spalten durchsetzte, spröde Oberfläche. 1866 wurde die Furka-Passstrasse eröffnet, die der Bund als militärische Verbindung subventioniert hatte. Sie zog nun einen wachsenden Kutschenverkehr an. Die 1895 vollendete Grimsel-Passstrasse machte Gletsch zum Verkehrsknoten im Hochgebirge. Der Kutschenverkehr löste die Säumerkolonnen ab. Der Ort auf 1750 m ü. M. begann aufzublühen.

In dieser Epoche prägten zwei markante Hotels die Region Gletsch. Beide gehörten der Zermatter Hoteldynastie Seiler. Notar Franz Seiler baute um 1860 neben der Herberge Zeiter das erste «Hôtel Glacier du Rhône» samt Badehaus, das bald zu einem imposanten Bau mit über 100 Betten wuchs. Später ergänzten die Dépendance und der Hotelgarten die Anlage. 500 Höhenmeter oberhalb von Gletsch, «an der zweiten Kehre» der Furkastrasse, wie der «Baedeker» meldete, eröffnete Josef Seiler 1882 das Hotel Belvédère, das wegen seiner Aussichtslage direkt neben dem Gletscher rasch als eines der berühmtesten Hotels in den Schweizer Alpen glänzte. Es wurde bis 1903 zu einem stattlichen Hotel mit sechzig Betten erweitert, das heute noch fast im Originalzustand erhalten ist. Die

qui n'est de loin pas figée. Munis de cordes et de pics à glace, les plus téméraires s'aventuraient sur sa surface cassante et crevassée. En 1866, la route du col de la Furka, que la Confédération avait financée en tant que liaison militaire, a été ouverte à la circulation; d'emblée, elle attirait un trafic croissant de diligences. La route du col du Grimsel, terminée en 1895, transforma Gletsch en carrefour routier de haute montagne. Le lieu, situé à 1750 mètres, commença à s'épanouir.

A cette époque, deux hôtels marquaient la région de Gletsch. Les deux appartenaient à la dynastie des hôteliers Seiler de Zermatt. Le notaire Franz Seiler fit construire, à côté de l'auberge Zeiter, le premier «Hôtel Glacier du Rhône» avec bain public, qui devint rapidement une bâtisse imposante avec plus de 100 lits. Plus tard, une dépendance et le jardin ont complété l'installation. 500 mètres au-dessus de Gletsch, «dans la deuxième épingle à cheveux» de la route de la Furka, comme le signalait le «Baedeker» de l'époque, Josef Seiler fit ouvrir le Belvédère, qui acquit rapidement le lustre d'un des hôtels les plus fameux des Alpes suisses en raison de sa situation avec vue panoramique juste à côté du glacier. En 1903, la bâtisse a été agrandie et transformée en un hôtel cossu à 60 lits, maintenu presque à l'état d'origine jusqu'à maintenant. Les voyageurs ont fait connaître dans le monde entier son image fixée sur carte postale, avec les séracs du glacier au deuxième plan, et en ont fait une icône du tourisme alpin et hôtelier, qui vivait alors son âge d'or. Avec la grotte de glace, qui chaque année était taillée dans le glacier, il disposait d'une attraction particulière. «D'aucun autre glacier je ne connais de bleu plus somptueux, plus profond et plus vif que celui offert par le glacier du Rhône», s'exclamait le médecin et naturaliste vaudois François-Alphonse Forel en 1906. D'ailleurs, la glace est bleue puisqu'elle est compacte et qu'elle ne contient que très peu d'air après 250 ans de voyage.

Kleinsiedlung Gletsch um 1910, kurz vor dem Bau der Furkabahn (oben). Berghotel «Belvédère» mit Postauto sowie Eisgrotte im Rhonegletscher (um 1925).

Hameau de Gletsch vers 1910, peu avant la construction du Chemin de fer de la Furka (en haut). Hôtel d'altitude «Belvédère» avec automobile postale et grotte de glace dans le glacier du Rhône (vers 1925).

Reisenden verschickten sein Bild mit den Gletscherzacken im Hintergrund auf unzähligen Postkarten in alle Welt: eine Ikone des Pass- und Hoteltourismus, der seine goldene Zeit erlebte. Mit der Eisgrotte, die jedes Jahr neu in den Gletscher vorgetrieben wurde, verfügte es über eine besondere Attraktion. «Ich kenne von keinem anderen Gletscher ein so prachtvolles, tiefes und starkes Blau, wie es die sogenannte Azurgrotte des Rhonegletschers bietet», begeisterte sich der Waadtländer Arzt und Naturforscher François-Alphonse Forel 1906. Blau ist das Eis übrigens deshalb, weil es am Ende seiner fast 250-jährigen Reise kompakt ist und nur wenig Luft enthält.

Auch das Grand Hotel Glacier du Rhône unten in Gletsch verdankte dem Eisstrom nebst seinem Namen einen grossen Teil seines Erfolgs. Der Hotelunternehmer Eduard Seiler liess sich in den 1930er-Jahren einige Attraktionen einfallen: Er

Le grand hôtel «Glacier du Rhône» à Gletsch, lui aussi, devait non seulement son nom, mais aussi une bonne partie de son succès au fleuve de glace. Durant les années 1930, l'hôtelier entrepreneur Eduard Seiler imagina quelques attractions. Il créa une école d'alpinisme; avec l'automobile de l'hôtel, il conduisait les hôtes au pied du glacier qu'il illuminait avec des projecteurs bleus; en été, il y avait des cours de ski sur la glace éternelle ainsi que des «auto ski meetings». Evidemment, le Glacier Express, dont le nom aussi s'inspire du glacier du Rhône, contribua largement à la renommée mondiale et au succès de Gletsch, où il faisait halte de 1930 jusqu'en 1981.

Après la mise hors service de la ligne sommitale en 1981, il y eut moins d'animation à Gletsch; les temps étaient durs pour les hôtels, le «Belvédère» était longtemps fermé. La famille Seiler se retira de la région. Elle a vendu ses biens-fonds au

Die Passstrassen Grimsel (links) und Furka mit der Strecke der Furkabahn (rechts) auf einer kolorierten Postkarte von 1930.

Les routes des cols du Grimsel (à gauche) et de la Furka avec la ligne du Chemin de fer de la Furka (à droite) sur une carte coloriée de 1930.

rief eine Bergsteigerschule ins Leben, führte die Gäste im Hotelautomobil nächtlicherweise zum Gletscherabbruch, den er mit dem blauen Licht von Scheinwerfern anstrahlte; im Sommer gab es Skikurse auf dem ewigen Eis sowie «Auto-Ski-Meetings». Viel zum Erfolg und zur internationalen Bekanntheit von Gletsch trug ab 1930 natürlich der Glacier Express bei, der hier bis 1981 Station machte. Auch sein Name ist vom Rhonegletscher abgeleitet.

Nach der Einstellung der Furka-Bergstrecke wurde es stiller in Gletsch, die Hotels kannten harte Zeiten, das «Belvédère» war lange geschlossen. Die Familie Seiler zog sich aus der Region zurück. Sie verkaufte ihre Grundstücke dem Kanton Wallis. Im Jahr 2000, mit der Eröffnung der Furka-Dampfbahn bis Gletsch, kehrte neues Leben zurück. Die beiden Hotels, das «Glacier du Rhône» und das «Belvédère», wurden sanft renoviert und lassen seither die Gäste die historischen Zeiten nacherleben.

Der Gletscher aber ist so stark geschmolzen, dass er den Ort nicht mehr prägt. Vor einigen Jahren hat er sich über die Schwelle des Steilhangs beim «Belvédère» zurückgezogen, sodass er von unten nicht einmal mehr sichtbar ist. Dahinter wächst ein neuer See, der nun als Rhonequelle gilt. Noch gibt es die etwa 100 Meter lange Eisgrotte, aber sie muss von Jahr zu Jahr weiter oben und weiter weg vom Hotel gegraben werden. In den letzten fünfzig Jahren bildete sich das Eis um 300 Meter zurück. Der Gletscher ist jetzt noch rund 9 Kilometer lang und bedeckt eine Fläche von knapp 21 km². Wegen der Klimaerwärmung durch die vom Menschen produzierten Treibhausgase ist kein Ende des Rückzugs absehbar. Forscher der Eidgenössischen Technischen Hochschule sagen voraus, dass der Rhonegletscher bis 2100 ganz abgeschmolzen sein werde. Noch besteht eine kleine Chance, dass es nicht so weit kommt.

canton du Valais. Suite à la mise en service du train à vapeur de la Furka jusqu'à Gletsch, la vie est revenue dans la région. Le «Glacier du Rhône» et le «Belvédère» ont été rénovés en douceur et permettent aux voyageurs de revivre les temps anciens.

Toutefois, le glacier a tellement fondu qu'il ne marque plus le lieu de son empreinte. Il y a quelques années, il s'est même retiré derrière l'ensellement au sommet de l'escarpement, devenant invisible depuis la vallée. Le nouveau lac glaciaire qui se forme est devenu la source du grand fleuve. La grotte de glace est toujours taillée dans la glace, mais chaque année un peu plus haut et plus loin de l'hôtel. Au cours des cinquante dernières années, la glace s'est retirée de 300 mètres. Elle a encore une longueur d'environ 9 kilomètres et une surface de 21 km². En raison du réchauffement climatique, le phénomène semble sans rémission. Les chercheurs de l'Ecole Polytechnique Fédérale prévoient la fonte totale du glacier pour avant 2100. Il reste encore une petite chance que la prédiction ne s'accomplisse pas.

Wer wagt, gewinnt
La fortune sourit aux audacieux

Der Bau der erst 1926 durchgehend eröffneten Furka-Oberalp-Bahn von Brig nach Disentis ist eines der turbulentesten Kapitel in der Geschichte der Schweizer Bahnen. Ohne Mut zum Risiko wäre sie nie fertiggestellt worden. Nach 1982, als der Furka-Basistunnel in Betrieb ging, war erneut ein beherzter, fast drei Jahrzehnte langer Kraftakt nötig, um die Bergstrecke vor dem Verfall zu retten – und damit eine der schönsten Alpenbahnabschnitte überhaupt.

Brig–Andermatt–Disentis: Vergleichsweise spät nahm man die rund 100 Kilometer lange Schienenverbindung von der Rhone an den Rhein in Angriff. Mit dem Furka- und dem Oberalppass hatte sie zwei hohe Hindernisse zu überwinden. Infrage kam deshalb nur die Kosten sparende Meterspur, die engere Kurvenradien und steilere Steigungen bewältigt als die Normalspur. Andernorts in den Schweizer Alpen hatte sie sich schon bewährt. So erschloss seit 1903 die Rhätische Bahn mit dieser Spurweite das Oberengadin durch den Albulatunnel. In Graubünden, im Berner Oberland und in andern Bergregionen trug die Meterspur zum Aufschwung des Tourismus um die Jahrhundertwende bei. Es herrschte damals so etwas wie «Schmalspurbahnfieber».

Das war auch den Hoteliers in der Region Oberwallis, Grimsel und Gotthard nicht entgangen. An Plänen, die Alpentäler mit der grossen weiten Welt zu verbinden, fehlte es nicht. Einer der ersten stammte vom Aargauer Maschineningenieur und Bergbahnpionier Roman Abt, der 1886 eine Konzession erhielt für eine Nufenenbahn von Brig via das Goms nach Airolo, dem Südtor des 1882 eröffneten Gotthardtunnels. Doch sie blieb ebenso ungenutzt wie die Konzession für eine Grimselbahn zwischen Meiringen und Gletsch.

Zu einem Teilerfolg führten erst die Anstrengungen von ursprünglich zwei Bahngesellschaften, die sich 1910 in Lausanne zur «Compagnie

La construction du Chemin de fer Furka-Oberalp de Brigue à Disentis, mis en service en 1926, est un des chapitres les plus turbulents de l'histoire ferroviaire suisse. Sans le goût du risque, la ligne n'aurait jamais été réalisée. Après l'ouverture du tunnel de base de la Furka en 1982, un nouveau tour de force a été nécessaire pour sauver la ligne sommitale de la Furka – somme toute un des plus beaux tronçons ferroviaires alpins.

Brigue–Andermatt–Disentis: en comparaison, la construction de la liaison ferroviaire de cent kilomètres entre le Rhône et le Rhin a débuté assez tard. Les cols de la Furka et de l'Oberalp étaient deux obstacles d'envergure à son passage. La voie métrique, plus économique, qui permet des rayons de courbure plus petits et des inclinaisons de tracé plus fortes que la voie normale, était la seule envisageable. Elle avait déjà fait ses preuves ailleurs dans les Alpes suisses. Ainsi, le Chemin de fer Rhétique (RhB) a raccordé avec cette voie la Haute-Engadine par le tunnel de l'Albula dès 1903. Autour de 1900, la voie métrique a contribué à l'essor économique et touristique des Grisons, de l'Oberland bernois et d'autres régions du pays. Il régnait alors comme une «fièvre de la voie étroite».

Ceci n'avait pas échappé aux hôteliers du Haut-Valais, du Grimsel et du Gothard. Les plans ne manquaient pas pour raccorder au vaste monde les vallées alpines reculées. Un de ces plans était dû à l'Argovien Roman Abt, ingénieur mécanicien et pionnier de la construction ferroviaire. Il a obtenu en 1886 une concession pour un train au Nufenen, de Brigue à Airolo, au portail sud du tunnel du Gothard, en service dès 1882. Cette concession est toutefois restée inutilisée, comme celle du train du Grimsel entre Meiringen et Gletsch.

La fusion de deux sociétés de développement ferroviaire en une «Compagnie suisse du chemin de fer de la Furka, Brigue–Furka–Disentis» (BFD)

Nach der Schneeräumung werden im Frühjahr 1914 unterhalb von Gletsch die letzten Gleise verlegt. Zur gleichen Zeit lag zwischen Gletsch und Muttbach erst ein Baugleis.

Après le déneigement, les derniers rails sont posés au-dessous de Gletsch au printemps 1914, alors qu'il n'y avait à cet instant qu'une voie de chantier entre Gletsch et Muttbach.

suisse du chemin de fer de la Furka, Brigue–Furka–Disentis» (BFD) zusammenschlossen. Nach dem ersten Spatenstich am 22. Juni 1911 machten sich die Ingenieure und Bautrupps entschieden ans Werk. Sie legten die steilen Rampen im Goms, am Furka- und am Oberalppass an und sprengten den 1874 Meter langen Furka-Scheiteltunnel sowie die Kehrtunnel bei Grengiols und Gletsch aus dem Fels.

Zunächst war vorgesehen, die Bahn elektrisch anzutreiben. Die 1913 eröffnete Lötschbergbahn, die Brig beim Nordportal des Simplontunnels zum Bahnknoten machte, hatte als erste Alpenbahn von Anfang an auf diese noch junge Traktion gesetzt. Die mehrheitlich französischen Aktionäre der Furkabahn entschieden sich aber aus finanziellen Gründen für den Dampfbetrieb. Tatsächlich war die Furkabahn in ihrer ersten Phase stark französisch geprägt. Der Pariser Financier Graf d'Ormesson präsidierte den Verwaltungsrat, und eine Pariser Firma leitete den Bau. Immerhin verzichtete das Unternehmen auf das zunächst favorisierte Hanscotte-System, bei dem eine Mittelschiene statt einer Zahnstange montiert wird, um den Zug auf steilen Abschnitten sicher anzutreiben beziehungsweise zu bremsen. Die Verantwortlichen entschieden sich schliesslich für die Zahnradtechnik von Roman Abt, der somit an der Furka doch noch zu Ehren kam. Angeblich hatte der Bundesrat diese Bedingung durchgesetzt nach einer Intervention des Eidgenössischen Militärdepartements, das auch später mehrmals Einfluss auf das Gelingen der Furkabahn nahm. Denn diese führt durch militärisch sensibles Gebiet.

Bald war das Teilstück durch das Goms von Brig bis Gletsch fertiggestellt, das die Walliser als «Gommerbahn» bezeichneten: knapp die Hälfte der gesamten Strecke. Am 30. Juni 1914 war es so weit, «an einem wunderschönen Tage voll Sonnenglanz und Festesfreude fanden die Feierlichkeiten der Eröffnung der Touristenbahn Brig–

en 1910 à Lausanne a conduit en revanche à une réussite partielle. Après le premier coup de pioche le 22 juin 1911, ingénieurs et équipes d'ouvriers se sont mis à l'ouvrage; ils ont tracé la voie dans les pentes de la vallée de Conches et aux cols de la Furka et de l'Oberalp, ont creusé le tunnel de faîte de la Furka, long de 1874 mètres, et ceux, hélicoïdaux, de Grengiols et de Gletsch.

Il était d'abord prévu d'utiliser la traction électrique pour ce train. Le Chemin de fer du Lötschberg, en service dès 1913 – qui avait promu Brigue au rang de nœud ferroviaire – avait dès le début misé sur ce mode de traction. Les actionnaires du Chemin de fer de la Furka, pour la plupart des Français, ont toutefois choisi la traction vapeur pour des raisons de coûts. Les premières phases du développement du train de la Furka sont effectivement marquées par l'empreinte française. Le comte d'Ormesson, financier parisien, présidait le conseil d'administration; une firme parisienne dirigeait la construction. Toujours est-il que l'entreprise a renoncé au système Hanscotte, qu'elle privilégiait et dont le principe consistait à utiliser un rail central en lieu et place de la crémaillère pour propulser et freiner les trains dans les secteurs en pente. Les responsables se sont finalement tournés vers la technique de la crémaillère de Roman Abt. Apparemment le Conseil fédéral avait imposé ce choix, sur intervention du Département militaire. Par la suite, celui-ci influença favorablement, à plusieurs reprises, la destinée du Chemin de fer de la Furka; il faut savoir que la ligne traverse une région militaire sensible.

Bientôt, le tronçon de Brigue à Gletsch, à travers la vallée de Conches, fut terminé. Le 30 juin 1914, le «Walliser Bote» (WB) écrivait: «Les cérémonies d'ouverture du chemin de fer touristique Brig–Gletsch ont eu lieu au cours d'une merveilleuse journée ensoleillée, remplie de joie festive.» 400 invités, dont de nombreux notables, et l'orchestre municipal de Brigue ont fait le voyage in-

Gletsch statt», wie der «Walliser Bote» schrieb. 400 Gäste, darunter viel Prominenz, und die Stadtmusik von Brig machten sich in drei Zügen auf die Premierenfahrt, nachdem der H. H. Dekan Clausen das menschliche Werk gesegnet hatte. «Möge schon diesen Sommer eine gute Frequenz dieser prächtigen Touristenlinie eintreten. Jeder, der dorthin fährt, wird nur voll Lob und Dank vom lieblichen Gommertal Abschied nehmen können; denn anders ist es ja unmöglich. Hoch die Furkabahn! Hoch Wallis!», schloss der Redaktor seinen begeisterten Bericht. Die Feier im Grand Hotel Glacier du Rhône in Gletsch scheint üppig gewesen zu sein – mit Champagner, Ansprachen, Musik und Böllerschüssen –, obschon sie eigentlich nur eine Art Hauptprobe war. Bereits 1915 sollte die ganze Strecke Brig–Furka–Disentis eröffnet werden. «Im nächsten Jahr sind grössere Festlichkeiten vorgesehen», wusste der «Walliser Bote».

Die Weltgeschichte machte einen dicken Strich durch diese Rechnung. Schon über der Eröffnung vom 30. Juni 1914 schwebten dunkle Wolken. Zwei Tage vorher, am 28. Juni, hatte in Sarajewo der serbische Nationalist Princip den österreichischen Thronfolger Franz Ferdinand und dessen Gattin ermordet. Es begann die «Julikrise», die einen Monat später in der Kriegserklärung Österreich-Ungarns an Serbien gipfelte. Anfang August brach der Erste Weltkrieg aus. Eine der vielen Auswirkungen dieser «Urkatastrophe des 20. Jahrhunderts» war das fast komplette Versiegen des Touristenstroms. Das brach zahlreichen Bahnprojekten das Genick, schliesslich auch der Furkabahn. Die BFD befand sich ohnehin in finanzieller Schieflage. Der Vortrieb des Scheiteltunnels war alles andere als glatt verlaufen. 1914 stürzte ein Teil des Gewölbes ein. Lawinen verzögerten die Arbeiten, die auch im Winter nicht ruhten. Unter den Arbeitern waren einige Todesopfer zu beklagen. Nachdem im Mai 1915 Italien in den Krieg eingetreten war und die Armee die italienischen Gastarbeiter eingezogen

augural, après bénédiction de l'ouvrage par le doyen Clausen. «Souhaitons que la fréquentation de cette superbe ligne touristique soit déjà bonne cet été. Tous ceux qui s'y rendent ne pourront dire adieu à la charmante vallée de Conches qu'avec louanges et remerciements, car cela n'est pas possible autrement. Vive le Chemin de fer de la Furka! Vive le Valais!» Ainsi se terminait le rapport enthousiaste du rédacteur. La fête au Grand Hôtel Glacier du Rhône, avec champagne, allocutions, musique et salves d'artillerie, semble avoir été fastueuse, même s'il ne s'agissait que d'une espèce de dernière répétition avant la générale, car la mise en service de la ligne entière de Brigue à Disentis était prévue pour 1915. «Pour l'année prochaine on prévoit des festivités plus grandes», prédisait le WB.

L'histoire mondiale allait briser ces beaux projets. De gros nuages avaient déjà encombré ce ciel du 30 juin 1914. Deux jours auparavant, l'archiduc François-Ferdinand, héritier du trône autrichien, et son épouse avaient été assassinés à Sarajevo par le nationaliste serbe Gavrilo Princip. Débutait alors la crise de juillet, qui allait culminer dans la déclaration de guerre de l'Autriche-Hongrie à la Serbie. Début août, la Première Guerre mondiale éclata. Une de ses conséquences fut le tarissement du flux de touristes. De nombreux projets ferroviaires allaient en pâtir, aussi le chemin de fer de la Furka. Le BFD souffrait de toute façon déjà de quelques difficultés. Le percement du tunnel de faîte se faisait difficilement; en 1914, une partie de la voûte s'était même effondrée. Des avalanches retardaient le travail, qui malgré tout continuait aussi en hiver. Il y eut des morts accidentelles parmi les ouvriers. Après l'appel sous les drapeaux des ouvriers italiens, suite à l'entrée en guerre de leur pays en mai 1915, le Chemin de fer de la Furka dut fermer ses chantiers. Personne ne savait s'ils allaient rouvrir. Toutefois, le percement du tunnel sommital a eu lieu le 25 septembre 1915.

Walliser Trachtendamen, Bischof und Ehrengäste anlässlich der Feier zur Eröffnung der Furka-Oberalp-Bahn zwischen Brig, Andermatt und Disentis am 3. Juli 1926 in Gletsch.

Le 3 juillet 1926 à Gletsch, femmes valaisannes en costume traditionnel, évêque et hôtes d'honneur lors de la fête à l'occasion de l'ouverture du Chemin de fer Furka-Oberalp entre Brigue, Andermatt et Disentis.

Noch heute gilt die 1925 gebaute Steffenbachbrücke als ungewöhnlichstes Bauwerk auf der Urner Seite der Furka-Bergstrecke.

Encore de nos jours, le pont du Steffenbach, construit en 1925, est considéré comme l'ouvrage d'art le plus exceptionnel sur le versant uranais de la ligne sommitale de la Furka.

hatte, schloss die Furkabahn die Baustellen. Niemand wusste, ob sie je wiedereröffnet würden. Immerhin gelang am 25. September 1915 noch der Durchschlag des Scheiteltunnels.

Sogar der Betrieb der Gommerbahn war durch den drohenden finanziellen Ruin der BFD infrage gestellt. Dank der Hilfe des Bundes und des Kantons Wallis im Jahr 1918 gelang es immerhin, einen minimalen Fahrplan zu gewährleisten. Pro Tag fuhr nur noch ein Zug hin und zurück. 1923 schien das Feuer in den Dampfloks ganz zu erlöschen. Das Bundesgericht verfügte die Zwangsliquidation der BFD. Doch glücklicherweise bedeutete das Ende der Bahngesellschaft nicht das Ende der Bahn. André Marguerat, der Direktor der Visp-Zermatt-Bahn (VZ), war in dieser Phase die treibende Kraft. Im Osten hatte die Rhätische Bahn RhB ihr Netz 1912 von Ilanz bis Disentis verlängert. Mit ihr als Partnerin gelang es Marguerat, die Kantone Wallis, Uri und Graubünden für die Rettung der Furkabahn zu gewinnen. Sie ersteigerten das unvollendete Werk aus der Konkursmasse und wagten – mit finanzieller Unterstützung des Militärs – einen Neustart: jetzt als rein schweizerisches Unternehmen mit der Aktienmehrheit des Bundes und unter dem Namen Furka-Oberalp-Bahn (FO).

Wer wagt, gewinnt. Innert eines Jahres war die Bahnstrecke, die eben noch als Bauruine zu enden drohte, instand gestellt und vollendet. Am 3. Juli 1926, mehr als ein Jahrzehnt nach dem ursprünglich vorgesehenen Termin, wurde die Furka-Oberalp-Bahn eingeweiht. Erneut griff ein Redaktor des «Walliser Boten» voll in die Tasten: «Es ergreift einen unwillkürlich ein Gefühl stolzer Freude, wenn man sieht, wie der Menschen Geist und Tatkraft immer mehr und mehr die Natur beherrscht, ihre Hindernisse überwindet, ihre Kräfte sich dienstbar macht.» Als es Marguerat gelang, auch noch die Gleislücke zwischen Brig und Visp zu schliessen, entstand die weitaus längste durch-

Même l'exploitation du chemin de fer de la vallée de Conches était mise en question en raison du risque de ruine financière du BFD. En 1918, l'aide de la Confédération suisse et du canton du Valais a permis de garantir un horaire minimal. Il n'y avait alors qu'un train aller-retour par jour. En 1923, le feu dans les chaudières s'est éteint. Le Tribunal fédéral prononça la liquidation forcée. Cependant, la fin de la compagnie ferroviaire n'était pas synonyme de fin du train de la Furka. André Marguerat, directeur du Viège-Zermatt (VZ), fut le moteur du renouveau. A l'est, le RhB avait prolongé son réseau d'Ilanz à Disentis en 1912. Ayant le RhB comme partenaire, Marguerat parvint à convaincre les cantons du Valais, d'Uri et des Grisons de sauver le Chemin de fer de la Furka. Avec l'appui de l'armée, ils achetèrent aux enchères l'ouvrage inachevé de la masse en faillite et risquèrent un nouveau départ: cette fois en tant qu'entreprise suisse, avec la Confédération comme actionnaire majoritaire, sous le nom de Chemin de fer Furka-Oberalp (FO).

La fortune sourit aux audacieux. En moins d'un an, la ligne en ruine a été réparée et terminée. Le 3 juillet 1926, plus de dix ans après la date prévue initialement, le FO a été inauguré. De nouveau, un rédacteur du WB s'est épanché: «On se sent saisi d'une légitime sensation de fierté joyeuse quand on voit comment l'esprit de l'homme et son énergie dominent de plus en plus la nature, surmontent ses obstacles, mettent ses forces à son service.»

Durant la Deuxième Guerre mondiale, le FO a modernisé ses installations avec l'aide de l'armée. Il a électrifié l'entier de son réseau en 1941/42 avec du courant alternatif monophasé et, par la construction de galeries, a rendu possible l'exploitation hivernale au col de l'Oberalp. La même chose n'était pas réalisable aussi facilement sur les 18 kilomètres de la ligne sommitale de la Furka, exposée aux dangers d'avalanches entre Oberwald et Realp. Ce tronçon restait un «chemin de fer es-

Der Glacier Express fährt um 1939 am Rhonegletscher vorbei. Wenig später wartet er in der Kreuzungsstelle Muttbach-Belvédère einen Gegenzug ab, der soeben den Furka-Scheiteltunnel verlässt.

Le Glacier Express passe devant le glacier du Rhône (vers 1939). Peu après, à la halte de croisement de Muttbach-Belvédère, il attend le train venant en sens inverse qui quitte justement le tunnel de faîte de la Furka.

gehende Meterspurstrecke der Schweiz. Ab 1930 verband der Glacier Express die beiden Kurorte St. Moritz und Zermatt. Er wurde zu einem der berühmtesten Touristenzüge der Welt.

Während des Zweiten Weltkriegs modernisierte die FO mit der Hilfe der Armee ihre Anlagen. Sie elektrifizierte 1941/42 die ganze Strecke mit Einphasen-Wechselstrom und sicherte mit dem Bau von Galerien den Winterbetrieb über den Oberalppass. Auf der 18 Kilometer langen, lawinengefährdeten Furka-Bergstrecke zwischen Oberwald und Realp war dies nicht so leicht möglich. Sie blieb eine Sommerbahn, die Züge konnten nur von Anfang Juni bis Mitte Oktober verkehren. Im Winter wurden die Anlagen buchstäblich «hereingenommen» – eingewintert, wie es in der Fachsprache heisst. Die Bahnarbeiter schlossen die Tunnelpor-

tival» où les trains ne circulaient que du début juin à la mi-octobre. En hiver, les installations étaient littéralement «rentrées»: en langage de spécialiste, cela s'appelle la préparation à l'hivernage. Les ouvriers de la voie fermaient les portails des tunnels, démontaient 300 poteaux de caténaires et 15 kilomètres de fils aériens; du côté uranais, ils repliaient le fameux pont du Steffenbach pour le mettre à l'abri des avalanches. En mai, au cours d'une action dispendieuse, ils extrayaient les installations ferroviaires des mètres de neige qui les recouvraient.

Seul un tunnel de base pouvait garantir un trafic hivernal à la Furka. Le conseiller fédéral Roger Bonvin (1907–1982) avait mis le projet sur les voies dans les années 1960. En juin 1982, le tunnel, long de 15,4 kilomètres, a été mis en service. Il avait fait

Der Glacier Express nach der Elektrifizierung der Furka-Oberalp-Bahn auf der Richlerenbrücke bei Hospental und im Bahnhof Andermatt in den 1940er-Jahren.

Le Glacier Express sur le pont de Richleren, près d'Hospental, et en gare d'Andermatt dans les années 1940, après l'électrification du Chemin de fer Furka-Oberalp.

tale und demontierten 300 Fahrleitungsmasten inklusive 15 Kilometer Fahrdraht. Sie zogen die berühmte Steffenbachbrücke auf der Urner Seite ein, um sie vor Lawinen zu schützen. Im Mai gruben sie dann die Bahnanlage aus den meterhohen Schneemassen aus, eine aufwendige und teure Aktion.

Nur ein Basistunnel konnte den Winterbetrieb an der Furka gewährleisten. Der Walliser Bundesrat und Verkehrsminister Roger Bonvin (1907–1982) gleiste dieses Werk in den 1960er-Jahren auf. Im Juni 1982 wurde der 15,4 Kilometer lange Tunnel eröffnet. Er gab viel zu reden und zu schreiben, weil die Kosten mit 348 Millionen Franken rund viermal höher ausfielen als budgetiert. Schwierige geologische Verhältnisse hatten die Arbeiten verzögert und verteuert. Einmal in Betrieb, bewährte sich das Bauwerk aber. Das Goms profitiert vom Autoverlad und von einer Belebung des Tourismus. Und der Glacier Express kann seither auch Fahrten durch die alpine Winterlandschaft anbieten. Im Gegenzug legte die FO am 11. Oktober 1981 die Furka-Bergstrecke still.

Der Basistunnel birgt übrigens das in Vergessenheit geratene «Bedrettofenster», einen 5 Kilometer langen Baustollen nach Süden, der ursprünglich als Gleisverbindung via das Bedrettotal nach Airolo vorgesehen war. Diese alte Vision von Roger Bonvin steht aber heute nicht mehr zur Debatte. Immerhin hat die Idee der Grimselbahn wieder ihre Anhänger. Eine private Initiative schlägt vor, zwischen dem Haslital und Oberwald eine Tunnelverbindung zu graben. Sollte dies gelingen, liessen sich so die Schmalspurgleise des Glacier Express und der GoldenPass-Teilstrecke von Interlaken nach Luzern zum längsten Meterspur-Bahnnetz der Welt zusammenfügen.

couler beaucoup d'encre, car au final, les coûts s'élevaient à 348 millions de francs, soit le quadruple du montant budgétisé. Les travaux s'étaient renchéris et avaient pris du retard en raison des conditions géologiques difficiles. Mais une fois en service, l'ouvrage s'est avéré efficace. La vallée de Conches profite du ferroutage et de la relance du tourisme. Et le Glacier Express peut aussi offrir des voyages dans le paysage alpin hivernal. En compensation, le FO a désaffecté la ligne sommitale de la Furka le 11 octobre 1981.

Le tunnel de base cache la «fenêtre du Bedretto», une galerie vers le sud, qui devait être aménagée comme liaison ferroviaire jusqu'à Airolo, via le Val Bedretto. Cette vision de Roger Bonvin n'est plus débattue actuellement. Toutefois, l'idée d'un chemin de fer du Grimsel a de nouveau des adeptes. Un groupe d'initiateurs propose de percer un tunnel depuis le Haslital jusqu'à Oberwald. Les voies du Glacier Express et du GoldenPass d'Interlaken à Lucerne réunies formeraient alors le plus grand réseau à voie métrique au monde.

Das Unmögliche wird möglich
Réaliser l'impossible

Ab dem Sommer 2010 verkehren wieder Personenzüge auf der ganzen Furka-Bergstrecke zwischen Oberwald und Realp. Initiative Bahnfreunde, Freiwillige, Aktionäre und Spender haben das Unmögliche möglich gemacht.

Am 11. Oktober 1981 fuhr der letzte Reisezug der Furka-Oberalp-Bahn (FO) von Oberwald über die 18 Kilometer lange Furka-Bergstrecke nach Realp. Es sah schlecht aus für die Zukunft dieser schönen Bahn. Der Basistunnel stand vor der Eröffnung, somit war die Bergstrecke aus betrieblicher Sicht überflüssig geworden. Die FO hatte kein Interesse, die alten, im Unterhalt teuren Anlagen zu erhalten. Bautrupps begannen erste Teile abzubauen. In Oberwald entfernten sie beim Ausbau der Strasse den Niveauübergang. Wie in Realp war damit die Verbindung mit der Stammlinie gekappt. Auch der Bundesrat zeigte sich nicht interessiert an der Rettung der Bergstrecke: Sie sei in schlechtem Zustand, die Tunnel drohten einzustürzen, und es fehle sowohl das Personal als auch das Geld für die Sanierung, deren Kosten der Bundesrat auf 35 bis 40 Millionen Franken schätzte.

Dass je wieder Züge über die Bergstrecke tuckern würden, schien ein Ding der Unmöglichkeit zu sein. Doch die Bergstrecke hatte zahlreiche Freundinnen und Freunde, in der Schweiz und im Ausland. Das hatten die Monate und Wochen vor ihrer Stilllegung gezeigt, als ganze Scharen für eine letzte Fahrt ins Wallis und in den Kanton Uri strömten. Nicht alle liessen sich von der Macht des Faktischen entmutigen. Eine kleine Gruppe engagierter Bahnliebhaber gründete schon im ersten «bahnlosen» Jahr, am 14. September 1982, ein Initiativkomitee. Dies war der Beginn eines grossen Abenteuers, das erst viele Jahre später zur Rettung der Bergstrecke führen sollte.

Am Anfang half auch Glück mit. Denn es war ein Wettlauf gegen die Zeit. Die FO wollte die Bergstrecke möglichst rasch abbrechen. Allerdings blieb es

Dès l'été 2010, des trains voyageurs circulent de nouveau sur toute la ligne sommitale de la Furka entre Oberwald et Realp. Amis des trains audacieux, bénévoles, actionnaires et donateurs ont réalisé l'impossible.

Le 11 octobre 1981, le dernier train voyageur du Chemin de fer Furka-Oberalp (FO) avait circulé d'Oberwald à Realp par la ligne sommitale de 18 kilomètres. Les perspectives d'avenir étaient sombres pour ce beau train. L'ouverture du tunnel de base était proche et allait rendre superflue la ligne sommitale. Le FO n'avait aucun intérêt à garder les vieilles installations coûteuses. Des équipes de travail ont immédiatement entrepris d'en démolir certaines parties. A Oberwald, lors de l'élargissement de la route cantonale, ils ont démonté la voie dans le secteur du croisement. Ici, tout comme à Realp, la liaison avec la voie d'origine fut coupée. Le Conseil fédéral ne désirait pas non plus sauver la ligne sommitale; il l'estimait en mauvais état, les tunnels menaçaient de s'effondrer, le personnel d'exploitation manquait, comme les 35 à 40 millions de francs nécessaires à l'assainissement.

La probabilité de voir à nouveau passer des trains par la ligne sommitale diminuait. Pourtant, on savait qu'elle avait de nombreux amis en Suisse et à l'étranger, car durant les quelques mois avant la mise hors service, ceux-ci se sont déplacés en nombre en Valais et dans le canton d'Uri pour faire un dernier tour sur la ligne sommitale. Tous ne se sont pas laissé décourager par la brutalité des faits. Un petit groupe engagé d'amateurs de chemins de fer a fondé le 14 septembre 1982, au cours de la première année sans train sur la ligne sommitale, un comité d'initiative qui allait être le point de départ de la longue aventure de la reconstruction.

Au début, la chance était aussi au rendez-vous dans ce qui était devenu une course contre la montre. Le FO désirait déferrer la ligne au plus vite.

Wie in Realp wurde auch in Oberwald das Gleis der Furka-Bergstrecke sofort nach seiner Stilllegung von der modernisierten Bahnhofanlage abgetrennt.

Comme à Realp, la ligne sommitale a été coupée de la gare modernisée d'Oberwald immédiatement après sa mise hors service.

lange unsicher, ob sie den Basistunnel wie vorgesehen im Juni 1982 würde eröffnen können, deshalb liess sie das Gros der alten Anlagen als Rückfallebene noch liegen. Das war die Chance für das Initiativkomitee, das nun mit geschickter Öffentlichkeitsarbeit auf sein Anliegen aufmerksam machte. Der Aargauer Nationalrat Silvio Bircher organisierte am 6. August 1983 in Gletsch eine Protestkundgebung gegen den Abbruch, bei der er im Bahnhof eine Weiche symbolisch in Richtung Wiederaufbau stellte. Die Medien griffen das Thema auf, der öffentliche Druck auf die FO nahm zu. Ein erster wichtiger Schritt war getan, als es dem im Dezember 1983 in Bern gegründeten Verein Furka-Bergstrecke (VFB) gelang, eine Defizitgarantie von 150 000 Franken vorzuweisen. Damit hätte er, falls die Rettung scheitern sollte, der FO die durch den verzögerten Abbruch entstandenen Mehrkosten abgegolten.

An einen solchen Ausgang wollte aber niemand mehr glauben. Der Verein, dessen Mitgliederzahl rasch wuchs, machte sich mit bewundernswertem Elan an die Herkulesaufgabe. Es ging ja nicht um das Basteln einer Modelleisenbahn, sondern um den Wiederaufbau und den Betrieb einer richtigen Eisenbahn mit allem Drum und Dran, die sich überdies in einem höchst schwierigen Gelände bewegte. Es war sofort klar, dass nur ein Dampfbetrieb infrage kam, einerseits wegen des «Nostalgiefaktors» und andererseits, weil so der anspruchsvolle, jährliche Auf- und Abbau der Fahrleitungen entfiel.

Der Verein setzte auf die Hilfe von Freiwilligen. Dank ihrer Fronarbeit liessen sich die Kosten in einem verkraftbaren Rahmen halten. Sie traten bei vielen Ausstellungen und Volksfesten, an Dia- und Filmabenden auf, um die Idee weiterzuverbreiten und die Finanzen zu beschaffen. Und umgehend nahmen sie auch schon dringende Säuberungen und Reparaturen an der Bergstrecke vor, um Folgeschäden zu vermeiden. Die FO erlaubte dies und hob im Juli 1984 den Abbruchentscheid auf. Das

Mais, vu l'incertitude qui régnait au sujet de la date d'ouverture du tunnel de base, prévue pour juin 1982, le FO a laissé en place la plus grande partie des installations pour parer à toute éventualité. Ce fut la chance que le comité d'initiative a saisie, attirant l'attention du public sur ses ambitions en jouant habilement des relations publiques. Le conseiller national argovien Silvio Bircher a organisé une action de protestation contre la démolition le 6 août 1983 à Gletsch. Au cours de celle-ci, il a symboliquement manœuvré un aiguillage dans la direction de la reconstruction. Les médias ont repris le thème, la pression publique sur le FO augmentait. Un premier pas important a été fait quand l'Association ligne sommitale de la Furka ALSF (Verein Furka-Bergstrecke VFB), fondée en décembre 1983 à Berne, a produit une garantie de déficit de 150 000 francs. Avec ce montant, elle aurait pu, en cas d'échec du sauvetage, indemniser le FO pour les frais supplémentaires résultant du retard pris dans le déferrement.

Mais plus personne n'envisageait cette éventualité. L'Association et ses membres, dont le nombre ne cessait d'augmenter, s'attelait avec élan à la tâche herculéenne de la reconstruction. Il ne s'agissait pas de bricoler un modèle réduit, mais de remettre en état, dans un terrain difficile, un vrai chemin de fer. Dès le début, il était clair que seul un train à vapeur était envisageable; en raison du facteur «nostalgie» d'abord, et ensuite pour éviter les travaux exigeants de pose et de dépose de la caténaire.

L'Association misait sur le bénévolat. Grâce aux corvées, les coûts seraient contenus. Dès le début, les bénévoles apparaissaient à beaucoup d'expositions, de fêtes populaires, de soirées de diapos ou de films pour propager leur idée et trouver des finances. Sur la ligne, ils entreprirent de suite des travaux de nettoyage ou de réparation d'urgence. Le FO tolérait cela et mit en suspens sa décision de déferrement en juillet 1984. Les relations entre

Verhältnis zwischen dem Bahnunternehmen und den Vereinsmitgliedern begann sich zu entspannen, auch weil Letztere ihr Projekt ernsthaft und hartnäckig vorantrieben. Am 27. Mai 1985 gründeten sie in Lausanne die Aktiengesellschaft Dampfbahn Furka-Bergstrecke (DFB), die über ein ansehnliches Startkapital verfügte. Sie sollte dereinst den Bahnbetrieb fachgerecht und auf eigenes Risiko sicherstellen. 1987 trat ihr die FO die Anlagen zwischen Gletsch und Realp zu einem symbolischen Preis ab: Die DFB war jetzt stolze Besitzerin des grössten Teils der Bergstrecke.

Nun ging es auch im Gelände vorwärts. Langsamer zwar als geplant, aber doch stetig und sichtbar, wobei es enorme Herausforderungen zu meistern und herbe Rückschläge zu verkraften galt, zum Beispiel interne Meinungsverschiedenheiten um die Prioritäten beim Bau oder die schweren Unwetter von 1987 und 1993, die grosse Schäden anrichteten. Die Arbeiten konzentrierten sich zunächst auf die Urner Seite (Realp–Tiefenbach). Als Wendepunkt zum Guten gilt das Jahr 1988, als die DFB und der VFB von den Notarbeiten zu einer systematischen Sanierung der Strecke übergehen konnten. Die Qualität ihrer Arbeit erhielt 1990 auch die staatliche Anerkennung, als das Bundesparlament der DFB AG die Betriebskonzession ohne Gegenstimme erteilte.

Für die Freiwilligen und die engagierten Fachleute gab es mehr als genug zu tun. Sie bauten in Realp einen Bahnhof und die Depotwerkstätte auf, montierten Weichen, Drehscheiben, Gleise und Zahnstangen, sanierten Haltestellen, Tunnel und Brücken. Ausserdem brauchte es für die Aufnahme des Reiseverkehrs das nötige Rollmaterial. So war es ein besonderes Ereignis, als am 19. Oktober 1989 die erste generalüberholte Dampflok, die kobaltblaue «Weisshorn» (HG 2/3 Nr. 6), in Realp auf die Gleise der DFB gesetzt wurde. Sie hatte von 1902 bis 1941 bei der Visp-Zermatt-Bahn im Einsatz gestanden.

l'entreprise ferroviaire et les membres de l'Association commencèrent à se détendre, aussi parce que ces derniers faisaient avancer leur projet avec sérieux et opiniâtreté. Le 27 mai 1985, ils ont fondé à Lausanne la SA du Train à vapeur Ligne sommitale de la Furka (Dampfbahn Furka-Bergstrecke DFB AG), au capital de départ respectable. Le DFB AG devrait assurer l'exploitation ferroviaire sur la ligne selon les règles en vigueur et à ses propres risques. En 1987, le FO lui a cédé les installations entre Gletsch et Realp pour un prix symbolique. Le DFB était dès lors le possesseur de la plus grande partie de la ligne sommitale.

Désormais, les progrès se faisaient sentir sur le terrain aussi. Moins rapides que planifiés, mais réguliers et visibles, malgré les difficultés rencontrées et les revers essuyés, comme par exemple les divergences d'avis sur les priorités dans la construction, ou les dégâts dus aux intempéries de 1987 et de 1993. Les travaux se concentrèrent d'abord sur le côté uranais (Realp–Tiefenbach). 1988 est considérée comme l'année charnière au cours de laquelle le DFB et l'ALSF sont passés du régime des travaux d'urgence à celui de l'assainissement systématique. En 1990, la qualité de leurs réalisations a été reconnue par les instances gouvernementales, quand le parlement fédéral à octroyé à l'unanimité la concession d'exploitation au DFB SA.

Les bénévoles et les spécialistes engagés avaient assez à faire. Ils ont construit une gare et le dépôt-atelier à Realp, ont installé des aiguillages, des plaques tournantes, des rails et des rails-crémaillère, ont assaini haltes, tunnels et ponts. Le futur trafic voyageurs nécessitait aussi du matériel roulant. Ainsi, le 19 octobre 1989 fut un jour particulier, quand la première locomotive à vapeur totalement révisée, la «Weisshorn» bleu cobalt (HG 2/3 n° 6), a été mise sur les rails du DFB à Realp. Elle avait été en service auprès du Chemin de fer Viège-Zermatt (VZ) de 1902 à 1941.

Schicksal unbestimmt: Wird die Steffenbachbrücke wohl je wieder aufgerichtet?
Wie hier oberhalb der Alp Steinstafel sorgen beschädigte Gleise, Bauwerke und Mauern für einen aufwendigen Neubeginn.

Destinée incertaine: le pont du Steffenbach sera-t-il de nouveau déployé?
Voies, constructions et murs endommagés: garants d'un renouveau coûteux.

Einige Schweizer Dampfloks überlebten in Vietnam und konnten zurückgeholt werden (Maschine HG 3/4 Nr. 9 im Dschungel, 1989). Die längste Zeit im Dornröschenschlaf verbrachte der im August 2010 eröffnete Streckenabschnitt Oberwald–Gletsch.

Certaines locomotives à vapeur suisses ont survécu au Vietnam et ont pu être ramenées (machine HG 3/4 n° 9 dans la jungle, 1989). Le tronçon Oberwald–Gletsch, remis en service en août 2010, est celui qui est resté en état de léthargie le plus longtemps.

Das grösste und verrückteste Abenteuer, die Rückführung von vier Dampfloks aus Vietnam, illustriert eindrücklich das zielstrebige Vorgehen und die Tatkraft der Furkaleute. Die alten Loks hatten auf einer vietnamesischen Bergstrecke im Einsatz gestanden, bis diese 1975 stillgelegt wurde. Seither rosteten sie vor sich hin. Im Jahr 1984 wurde der Verein Furka-Bergstrecke auf ihre Existenz aufmerksam. 1990 brach ein Team zur Aktion «Back to Switzerland» auf. Die zwölf Teilnehmer fanden die Veteraninnen und brachten sie, teils auf der Strasse und während der Regenzeit, aus dem Dschungel ins Tal und von hier aus nach Saigon, wo sie nach Hamburg verschifft wurden. Der Bericht über die Aktion, für die das Team einen Tieflader aus der Schweiz nach Vietnam verfrachtete, liest sich wie ein Roman. Es brauchte logistisches und diplomatisches Geschick, aber auch Verwegenheit, um der behördlichen Bürokratie im richtigen Moment ein Schnippchen zu schlagen. Zwei dieser Loks, die 1913/14 für die Gesellschaft Brig–Furka–Disentis (BFD) hergestellt und 1947 in die damals französische Kolonie Indochina exportiert wurden, dampfen – nach einer umfassenden Rekonstruktion in Meiningen (Thüringen) – seit 1993 wieder auf der Furka-Bergstrecke: unter den Namen «Furkahorn» und «Gletschhorn» (HG 3/4 Nr. 1 und 9).

Unterdessen waren die Dinge auch in der Schweiz vorangekommen. Am 11. Juli 1992, nachdem das zuständige Bundesamt die Strecke für betriebsfähig erklärt hatte, war es so weit: Das jüngste und ungewöhnlichste Bahnunternehmen der Schweiz nahm den fahrplanmässigen Betrieb zwischen Realp und Tiefenbach auf der Urner Seite des Passes auf. Ein Jahr später verlängerte es den Einsatzbereich bis zur Station Furka beim Ostportal des 1874 Meter langen Scheiteltunnels; ab dem 14. Juli 2000 verkehrten die Fahrplanzüge dann von Realp bis Gletsch auf der Westseite des Furkapasses, was mit einem grossen Volksfest gefeiert wurde.

L'aventure la plus folle et la plus spectaculaire fut toutefois le rapatriement de quatre locomotives à vapeur depuis le Vietnam. Elle illustre bien la façon de procéder résolue et l'énergie des gens de la Furka. Ces locs avaient servi sur une ligne de montagne vietnamienne jusqu'à sa désaffection en 1975. Depuis, elles étaient à l'abandon. En 1984, l'ALSF avait pris connaissance de leur existence. En 1990, une équipe de douze participants s'est mise en route pour réaliser l'action «Back to Switzerland». Elle a retrouvé les machines, parfois en pleine jungle, les a transportées en plaine, puis à Saigon, où elles ont été embarquées à destination de Hambourg. Le compte-rendu de l'action se lit comme un roman. Il a fallu beaucoup d'habileté logistique et diplomatique, mais aussi pas mal d'audace pour jouer un tour au bon moment à la bureaucratie étatique. Après restauration à Meiningen (Thuringe), deux des locomotives, construites en 1913 et 1914 pour la société Brigue-Furka-Disentis (BFD), puis exportées en 1947 en Indochine française, circulent à nouveau depuis 1993 à la Furka sous les noms de «Furkahorn» et «Gletschhorn» (HG 3/4 n° 1 et 9).

En Suisse aussi, les choses avançaient. Le 11 juillet 1992, après que l'Office fédéral des transports eût déclaré le DFB apte à exploiter la ligne, ça y était enfin! La plus jeune et la plus inhabituelle société d'exploitation ferroviaire a mis en service le tronçon Realp–Tiefenbach. Une année plus tard, elle a prolongé la desserte jusqu'à la station Furka, à l'entrée est du tunnel de faîte, long de 1874 mètres; dès le 14 juillet 2000, les trains ont pu circuler entre Realp et Gletsch, à l'ouest du col de la Furka, justifiant ainsi une grande fête populaire.

Mais il restait une lacune: le tronçon de 4,9 kilomètres avec son tunnel hélicoïdal entre Gletsch et Oberwald. Hormis la remise en état du pont de Lammen, il n'y avait guère eu de travaux d'entretien sur ce tronçon. La Fondation Ligne

Blick von der Furka-Passhöhe ins Garschental, gegen die Alp Steinstafel und nach Tiefenbach. Im Jahr 1985 wartete das Bahngleis noch auf die Wiederinbetriebnahme.

Vue du Garschental depuis le col de la Furka, en direction de l'alpe de Steinstafel et vers Tiefenbach. En 1985, la voie attendait encore sa remise en service.

Noch blieb aber eine wichtige Lücke: der 4,9 Kilometer lange Abschnitt zwischen Gletsch und Oberwald, der einen Kehrtunnel aufweist. Abgesehen von der Instandstellung der Lammenbrücke war hier wenig geschehen und der Sanierungsbedarf entsprechend gross. Die 2005 gegründete Stiftung Furka-Bergstrecke (SFB) übernahm die Aufgabe, das dafür nötige Geld aufzutreiben. Nicht zuletzt dank der Millionenspende eines Sponsors konnte Ende Juni 2006 in Oberwald der erste Spatenstich für das letzte grosse Baukapitel getan werden. Die Matterhorn Gotthard Bahn schenkte damals der DFB diesen letzten Abschnitt samt Boden und Gebäuden.

Seit August 2010 werden wieder durchgehende Fahrten zwischen Realp und Oberwald angeboten. An beiden Enden leiten sogar Weichen zur Strecke der MGBahn über. Fast drei Jahrzehnte nach dem vermeintlichen Ende der Furka-Bergstrecke ist das Unmögliche möglich geworden. Dank dem Einsatz von Hunderten von freiwilligen Helferinnen und Helfern aus der Schweiz und dem Ausland, die jedes Jahr viele Hundert Fronarbeitstage leisteten. Zu verdanken ist dieser Erfolg auch den Spendern und Sponsoren sowie den fast 11 000 Aktionären, die bisher rund 14 Millionen Franken Aktienkapital für die Investitionen in Strecken und Rollmaterial zur Verfügung stellten.

sommitale de la Furka SFB (Stiftung Furka Bergstrecke), fondée en 2005, s'était mise à la recherche d'argent. Grâce à un don de plusieurs millions de francs, le premier coup de pioche du dernier grand chapitre de la reconstruction a pu être donné fin juin 2006 à Oberwald. A cette occasion, le Matterhorn Gotthard Bahn a offert au DFB ce dernier tronçon, terrains et immeubles compris.

Dès août 2010, des trains font de nouveau le trajet entier entre Realp et Oberwald par la ligne sommitale. A ses deux extrémités, des aiguillages font la jonction avec la voie du MGB. Presque trois décennies après la mort annoncée de la ligne sommitale de la Furka, l'impossible s'est réalisé! Grâce à l'engagement des centaines de volontaires de Suisse et de l'étranger qui chaque année ont effectué plusieurs centaines d'heures de travail bénévole. Les donateurs et sponsors ont contribué à cette belle réussite, ainsi que les près de 11 000 actionnaires qui ont investi jusqu'ici environ 14 millions de francs dans la voie et le matériel roulant.

Tourismus zwischen Furka und Gotthard
Tourisme entre Furka et Gothard

Ende des 19. Jahrhunderts erlebte der Tourismus an der Furka eine grosse Blütezeit. Auf der Passhöhe fanden die Durchreisenden in den Hotels «Furka» und «Furkablick» komfortable Unterkünfte.

La fin du XIXe siècle: une grande époque pour le tourisme à la Furka. Les voyageurs étaient hébergés confortablement dans les hôtels «Furka» et «Furkablick».

Die Tourismusgeschichte auf der Ostseite des Furkapasses begann im Jahr 1850 mit einem ersten Gasthaus auf der Passhöhe. Die 1866/67 eröffnete Passstrasse brachte viel zusätzliche Kundschaft, als wohl prominenteste Besucherin die englische Königin Victoria, die hier im August 1868 mit ihrem Gefolge drei Nächte verbrachte.

Die neue Besitzerin, die Familie Müller-Lombardi, baute die Infrastruktur zielstrebig aus. Im Jahr 1889 hatte das erweiterte Hotel Furka-Passhöhe bereits fünfzig Betten. Zwischen 1893 und 1899 liess Eduard Müller das komfortablere Hotel Furkablick errichten, womit an der Kantonsgrenze Uri/Wallis kurz vor Beginn des Ersten Weltkrieges bereits 150 bequeme Schlafplätze zur Verfügung standen.

L'histoire du tourisme sur le côté uranais de la Furka commence en 1850 avec la première auberge au sommet du col. La route du col, ouverte en 1866/67, a amené beaucoup de clientèle supplémentaire, dont la plus grande célébrité fut la reine d'Angleterre Victoria, qui avec sa suite a passé ici trois nuits.

La famille Müller-Lombardi, nouvelle propriétaire des lieux, a résolument agrandi les infrastructures. En 1889, l'hôtel du col de la Furka comptait cinquante lits. Entre 1893 et 1899, Eduard Müller a fait ériger l'hôtel Furkablick. Ainsi, peu avant la Première Guerre mondiale, 150 lits étaient disponibles dans la région frontalière Uri/Valais. Alors que la ruine de l'hôtel Furka-Passhöhe a été

Während das Hotel Furka-Passhöhe 1982 als unschöne Ruine abgebrochen wurde, bietet das Hotel Furkablick nach einer Teilrestaurierung 1991/92 den Durchreisenden noch heute Verpflegung und Übernachtung. Es befindet sich übrigens dort, wo auch der Abstieg auf dem Serpentinen-Wanderweg zur Station Furka der Dampfbahn DFB beginnt.

In der Nähe des Tiefenbachs entstand 1860 aus einem Schirmhaus eine einfache Herberge. An dieser Stelle, auf halbem Weg zwischen Realp und der Passhöhe, eröffneten 1867 die Pferdepostunternehmer Gebrüder Regli eine Pferdewechselstation. Sie wurde 1875 um das Berghotel mit Namen Tiefenbach – später vorübergehend Hotel Tiefengletscher genannt – erweitert, wo die Gäste sogar Milchkuren geniessen konnten. Zwei Jahre nach einem Vollbrand des Gasthauses entstand 1996 an der gleichen Stelle ein Hotelneubau mit zwanzig modernen, ganzjährig nutzbaren Zimmern. In zwei Nebengebäuden besteht ausserdem ein Touristenlager mit hundert Schlafplätzen. Tiefenbach ist Ausgangspunkt für die Gebirgs- und Skitouren zu den Hütten Albert Heim und Sidelen. Sehenswert ist auch die 1927 erbaute Kapelle.

Bevor die Strasse ins Urserental absteigt, thront bei der Fuchsegg mit schöner Aussicht das Hotel Galenstock. Das Berggasthaus mit 28 Betten hat seit seiner Eröffnung 1890 eine wechselhafte Geschichte hinter sich. Seit 1993 ist es wieder in festen Händen und ist nach einer Renovierung zu einem preisgünstigen Etappenort für Passreisende geworden.

Im Dorf Realp konnten die Gäste ursprünglich nur im 1735 eingerichteten Kapuziner-Hospizium eine Unterkunft finden. Auch Johann Wolfgang Goethe übernachtete 1779 hier bei den Mönchen. Erst nach dem verheerenden Dorfbrand von 1848 und nach dem Strassenbau 1866 kamen drei Kleinhotels hinzu, die auch heute noch Gäste empfangen.

démolie en 1982, l'hôtel Furkablick a été partiellement rénové en 1991/92 et offre encore maintenant l'hospitalité aux voyageurs. Ici commence le chemin pédestre en lacets qui mène à la station Furka du Train à vapeur DFB.

Près de la rivière Tiefenbach, une simple auberge a été créée à partir d'un abri. Ici, à mi-chemin entre Realp et le sommet du col, les frères Regli ont ouvert un relais à chevaux en 1867. En 1875, il a été complété par un hôtel nommé Tiefenbach – pendant un certain temps aussi Tiefengletscher –, où les hôtes faisaient des cures de lait. Deux ans après un incendie qui a complètement ravagé le bâtiment, une nouvelle construction avec vingt chambres modernes, utilisables toute l'année, a vu le jour au même emplacement. De plus, deux annexes ont été aménagées pour recevoir cent places en dortoir pour touristes. Tiefenbach est le point de départ pour des randonnées vers les cabanes Albert Heim et Sidelen. La chapelle de 1927 aussi est digne d'être vue.

L'hôtel Galenstock est installé près du «Fuchsegg», avant le début de la descente dans la vallée d'Urseren de la route du col. L'auberge avec ses 28 lits a eu une histoire tourmentée depuis son ouverture en 1890. Depuis 1993, elle est de nouveau tenue fermement et, après rénovation, est devenue une étape avantageuse pour les voyageurs.

A Realp, les hôtes ne trouvaient initialement refuge qu'à l'hospice des capucins, installé en 1735. Johann Wolfgang Goethe aussi avait trouvé un toit pour la nuit chez ces moines. Ce n'est qu'après l'incendie qui ravagea le village en 1848 et après la construction de la route en 1866 que trois petits hôtels ont ouvert, qui reçoivent des hôtes encore de nos jours.

Les pionniers du tourisme ont vu plus grand à Andermatt et à Hospental. Après l'ouverture de la route du col du Gothard, plusieurs grands hôtels avec chacun 100 à 150 lits y ont été ouverts. Vers 1890 déjà, dix hôtels offraient le gîte aux touristes

Auf der Urner Seite der Furka-Passstrasse empfing das Hotel Tiefengletscher (später Tiefenbach) die mit der Postkutsche anreisenden Gäste. Das 1889 eröffnete Hotel Galenstock lädt auch heute noch zum Verweilen ein (rechts).

Sur le versant uranais de la route du col de la Furka, l'hôtel Tiefengletscher (plus tard Tiefenbach) accueille les hôtes arrivés en calèche. L'hôtel Galenstock, ouvert en 1889, accueille les voyageurs encore de nos jours (à droite).

Mit grösserer Kelle richteten die Tourismuspioniere in Andermatt und Hospental an. Dort entstanden nach der Eröffnung der Gotthard-Passstrasse mehrere Grosshotels mit je 100 bis 150 Betten. Um 1890 beherbergten in Andermatt bereits zehn Hotels die ständig grösser werdende Gästeschar. Die Boomjahre waren aber mit dem Beginn des Ersten Weltkriegs vorbei. Die Weltwirtschaftskrise erzwang schon in den 1930er-Jahren die Schliessung der Grands Hotels «Bellevue» und «Danioth», die aber erst 1986 und 2008 der Spitzhacke zum Opfer fielen.

Inzwischen hat sich auch die Armee – früher die wichtigste Arbeitgeberin und Nutzerin des Übernachtungsangebots – mehrheitlich aus dem Urserental verabschiedet. Deshalb setzt die Region Andermatt heute ihre ganze Hoffnung auf die Feriengäste aus aller Welt. Mit dem ägyptischen Investor Samih Sawiris ist ein initiativer Geldgeber gefunden worden, der demnächst mit Komforthotels, Villen und Ferienwohnungen sowie mit Freizeit- und Sportanlagen die touristische Bedeutung Andermatts und der Regionen Gotthard, Oberalp und Furka wieder steigern wird. Seine geplanten Investitionen von rund 600 Millionen Franken sollen tief greifende Änderungen ermöglichen.

Voraussichtlich im Jahr 2017 wird der Eisenbahn-Basistunnel durch den Gotthard eröffnet. Noch ist unklar, was dann mit der berühmten Bergstrecke zwischen Erstfeld und Biasca passiert, die mit ihren Kehrtunneln und Viadukten eingegraben ist ins kollektive Bewusstsein der Schweizerinnen und Schweizer. Das gilt für den Gotthard insgesamt: Die Passregion ist im Lauf der Jahrhunderte zu einem Mythos der «Willensnation Schweiz» geworden. Die Lebenswirklichkeit war allerdings immer etwas nüchterner. Die Alpentäler haben seit Langem mit der Abwanderung zu kämpfen. Die Region Gotthard ist kein einheit-

toujours plus nombreux. Les années de haute conjoncture se sont toutefois terminées brutalement avec l'éclatement de la Première Guerre mondiale. Et dans les années 1930, la crise mondiale a provoqué la fermeture des grands hôtels «Bellevue» et «Danioth», démolis en 1986 et 2008 seulement.

Depuis que l'armée, qui était un important employeur, a déserté la vallée d'Urseren, la région d'Andermatt mise sur la venue des vacanciers du monde entier. Un bailleur de fonds entreprenant a été trouvé en la personne de l'investisseur égyptien Samih Sawiris, qui, par la construction d'hôtels de luxe, de villas, d'appartements de vacances et d'installations pour les loisirs et pour le sport, compte rendre à Andermatt et aux régions du Gothard, de l'Oberalp et de la Furka leur importance touristique d'antan. Ses investissements, de l'ordre de 600 millions de francs, devraient permettre de profonds changements.

En 2017 probablement, le tunnel ferroviaire de base du Gothard sera mis en service. Il n'est pas encore établi ce qu'il adviendra de la ligne sommitale entre Erstfeld et Biasca qui, avec ses tunnel hélicoïdaux et ses viaducs, est profondément gravée dans l'inconscient collectif suisse. Ceci est valable pour le Gothard en général: au fil des siècles, la région du col est devenue un mythe de la «nation suisse résolue». La réalité de la vie quotidienne est toutefois toujours un peu plus prosaïque. Depuis longtemps, les vallées alpines luttent contre l'émigration. La région du Gothard n'est pas homogène, elle se compose plutôt de quatre zones en périphérie des quatre cantons qui se frôlent aux cols du Gothard et de la Furka. Jusqu'à maintenant, ils s'y sont plutôt tourné le dos. Le Gothard est un mythe, pas une réalité.

Les cantons concernés des Grisons, du Tessin, d'Uri et du Valais aspirent à une collaboration plus

licher Raum, sie setzt sich vielmehr aus vier Randgebieten der vier Kantone zusammen, die sich am Gotthard- und Furkapass treffen. Bisher haben sie sich eher den Rücken zugedreht. Der Gotthard ist ein Mythos, aber keine Realität.

Im Rahmen des «Progetto San Gottardo» streben die beteiligten Kantone Graubünden, Tessin, Uri und Wallis eine engere Zusammenarbeit an. Das Gebiet zwischen Flüelen und Bellinzona, zwischen Chur und Brig soll zu einem blühenden Wirtschafts- und Erholungsraum werden. Laut der an der ersten Gotthardkonferenz im Jahr 2008 verabschiedeten Gotthard-Charta wird die Initiative von der Vision getragen, «die Potenziale der interkantonalen Gotthard-Region zu vernetzen und zu einer Einzigartigkeit zu vereinen». Über die schönen Worte hinaus haben die Kantone ein Vierjahresprogramm entwickelt, in dem sie den Tourismus sowie die Wasser- und Energiewirtschaft als die wesentlichen «Wertschöpfungspotenziale» bezeichnen.

Laut der Charta sollen Ökologie und Ökonomie rund um den Gotthard «ebenbürtige Werte» werden. Noch ist unklar, in welche Richtung sich der Raum wirklich entwickelt und ob das Progetto San Gottardo mehr wird als eine regionale Wirtschaftsförderung mit Schwerpunkt Tourismus, bei der aus dem Mythos Gotthard einfach die Marke Gotthard würde. Die Stiftung Landschaftsschutz Schweiz (SL) macht einen Mangel an Koordination mit den zahlreichen Landschafts- und Kulturprojekten aus, die hier bereits bestehen. Sie schlägt vor, ein UNESCO-Biosphärenreservat zu schaffen. Dieses Label biete die Chance, die Bergregion natur- und landschaftsverträglich zu entwickeln. Und in diesem Umfeld könnten auch das Urserental, die Dampfbahn Furka-Bergstrecke und das Goms in Erfolg versprechender Weise eingebettet werden.

étroite dans le cadre du «Progetto San Gottardo». La région entre Flüelen et Bellinzone, entre Coire et Brigue doit devenir une zone économique et de détente florissante. Selon la charte du Gothard, signée en 2008 lors de la Conférence du Gothard, l'initiative est étayée par la vision «de mettre en réseau les potentiels des régions intercantonales du Gothard et de les fondre dans une unicité». En appoint à ces belles paroles, les cantons ont développé un programme quadriennal, dans lequel ils désignent le tourisme, de même que l'économie hydrologique et énergétique, comme des «potentiels de création de valeurs» essentiels.

Selon la charte, l'écologie et l'économie autour du Gothard doivent évoluer pour être de «valeur égale». Il n'est pas encore clair dans quelle direction se développera l'espace et si le «Progetto San Gottardo» deviendra plus qu'un simple développement de l'économie régionale ayant comme dominante le tourisme, ce qui transformerait le mythe du Gothard en marque de fabrique Gothard. La Fondation suisse pour la protection et l'aménagement du paysage relève un manque de coordination entre les différents projets paysagers et culturels qui y existent déjà. Elle propose une réserve de biosphère de l'UNESCO. Ce label offrirait la chance de développer cette région de montagne en adéquation avec la nature et le paysage. Dans cet environnement, le val d'Urseren, le Train à vapeur de la Ligne sommitale et la vallée de Conches pourraient être intégrés de façon prometteuse.

Der von der Furka-Bergstrecke herkommende Zug erreicht um 1939 das Dorf Realp (links). Am Schnittpunkt der Pässe Oberalp, Gotthard und Furka entwickelte sich Andermatt rasch zu einem wichtigen Etappenort (rechts).

Le train arrivant de la ligne sommitale de la Furka atteint le village de Realp, vers 1939 (à gauche). Situé à la croisée des chemins, entre les cols de l'Oberalp, du Gothard et de la Furka, Andermatt s'est rapidement développé pour devenir un lieu d'étape important (à droite).

Rund um die Furka
Autour de la Furka

Fotos · Photos: Christof Sonderegger
Texte · Textes: Beat Moser

Durch die Schöllenenschlucht werden das Urserental und die Pässe Oberalp, Gotthard und Furka von Norden her erschlossen. Als Verkehrsverbindung dienen die beiden Teufelsbrücken von 1828/1830 und 1955/56 sowie die 1917 eröffnete Bahnstrecke.

La vallée d'Urseren et les cols de l'Oberalp, du Gothard et de la Furka sont atteignables depuis le nord par les gorges des Schöllenen. Les ponts du Diable de 1828/1830 et de 1955/56 ainsi que le chemin de fer, mis en service en 1917, assurent la liaison.

Während der Sommermonate wird die Furka-Region zu einer pulsierenden Tourismusdrehscheibe mit vielfältigen Angeboten. Eingebettet in die Zentralalpen und umgeben von den Passstrassen Gotthard, Grimsel und Nufenen, ist sie von allen Himmelsrichtungen her gut erreichbar. Davon profitiert auch die Dampfbahn Furka-Bergstrecke (DFB), die eine beliebte Nostalgieverbindung zwischen dem Urserental und dem Goms schafft.

Im Herzen der Alpen übernachten die Gäste in familiären Kleinhotels in Dörfern mit einem historischen Ortsbild mit sehenswerten Gebäuden im rustikalen Oberwalliser Holzbaustil oder in den robusten Steinbauten des von südlichen Einflüssen geprägten Gotthardgebietes. Hier wird die Tradition des Reisens zelebriert, so gelangt man zum Beispiel mit der Pferdepostkutsche von Andermatt nach Airolo, geht mit Säumerkolonnen über die Serpentinen der schmalen Passpfade oder fährt mit Oldtimern und modernen Komfortbussen der Schweizer Reisepost oder in der über 90-jährigen Dampf-Zahnradbahn.

Hier findet der Bergfreund verschiedenste Ausflugsmöglichkeiten inmitten von Gipfelketten, Schneefirnen und Eishängen. Beispiele sind der Naturlehrpfad in Gletsch mit seinen seltenen Pionierpflanzen, die bizarre Eisgrotte im Rhonegletscher oder das anspruchsvolle Klettergebiet zwischen der Göscheneralp, dem Grimselpass und den Berner Alpen. Es warten naturbelassene, dünn besiedelte Landschaften, die mit ihrer vielfarbigen Flora, den plätschernden Bächen und der reinen Bergluft ein unvergessliches Reiseerlebnis versprechen.

Die Krönung eines Aufenthaltes in der Region des Rhonegletschers ist die Dampfbahn Furka-Bergstrecke mit ihrem restaurierten Rollmaterial. Bestaunen Sie die in Abertausenden von Fronarbeitsstunden dem Dornröschenschlaf entrissenen Bahnanlagen und lassen Sie sich von der alten Technik unserer Vorfahren begeistern. Lohnend ist auch ein Zwischenhalt in Gletsch, wo die verschiedenen Verkehrswege vor einem Ortsbild von nationaler Bedeutung zusammenfinden.

Durant les mois d'été, la région de la Furka est une plaque tournante animée qui dispose d'offres touristiques variées. Entourée par les routes des cols du Gothard, du Grimsel et du Nufenen, cette région des Alpes centrales est facilement accessible de partout. Le Train à vapeur de la Ligne sommitale de la Furka (DFB) est le trait d'union nostalgique très apprécié entre les vallées d'Urseren et de Conches.

Au cœur des Alpes, les hôtes séjournent dans de petits hôtels familiaux sis dans de précieux villages authentiques aux bâtiments admirables, construits en bois de mélèze dans le style rustique haut-valaisan ou en maçonnerie robuste de la région du Gothard, influencée par le sud tout proche. Dans cette région, on célèbre la tradition du voyage, que ce soit en calèche d'Andermatt à Airolo, avec les bêtes de somme sur les chemins muletiers étroits, en voiture ancienne, en bus moderne et confortable des cars postaux suisses ou avec le train à vapeur à crémaillère plus que nonagénaire.

Ici, l'ami de la montagne trouve d'innombrables possibilités d'excursions parmi les sommets, névés ou champs de neige et de glace. Par exemple: le sentier-nature à Gletsch avec ses plantes pionnières rares, l'étrange grotte de glace dans le glacier du Rhône ou l'exigeante région de varappe située entre la Göscheneralp, le col du Grimsel et les Alpes bernoises. Des paysages faiblement peuplés, à l'état naturel, avec leur flore colorée, leurs torrents impétueux et leur air pur promettent d'inoubliables aventures à la Furka.

Un voyage avec le Train à vapeur de la Ligne sommitale de la Furka, avec son matériel roulant restauré, est le couronnement de tout séjour dans la région du glacier du Rhône. Venez admirer les installations ferroviaires remises en état et laissez-vous fasciner par la technique ancestrale de nos aïeux. Et il vaut la peine de faire un arrêt intermédiaire à Gletsch, où s'entrelacent différentes voies de transit autour d'un site d'importance nationale!

Abendrot über Andermatt und dem Urserental mit Blick gegen das Winterhorn und den Furkapass. Von Andermatt führt eine Luftseilbahn auf den Gemsstock (2961 m ü. M.), wo man die Aussicht auf 600 Berggipfel geniessen und im Winter zu tollen Skiabfahrten starten kann.

Folgende Doppelseite: Der Glacier Express beginnt in der Nätschenkurve mit der Talfahrt nach Andermatt.

Coucher de soleil sur Andermatt et la vallée d'Urseren avec vue vers le Winterhorn et le col de la Furka. Depuis Andermatt, un téléphérique monte au Gemsstock (2961 m), d'où on peut savourer la vue sur 600 sommets et faire des descentes à ski extraordinaires en hiver.

Double page suivante: Le Glacier Express commence sa descente vers Andermatt dans la courbe de Nätschen.

Die Region zwischen dem Furkapass und der Göscheneralp ist ein Paradies für Bergsteiger. Ausgangspunkte für die Touren sind u. a. die Hütten Sidelen (oben) und Albert Heim mit Tiefengletscher und Galenstock.

Folgende Doppelseiten: Die Gipfelnadel des Salbitschijen (2981 m ü. M.).

Weiher im Naturschutzgebiet oberhalb des Göscheneralpstausees mit der Dammastock-Kette.

La région entre le col de la Furka et la Göscheneralp est un paradis pour alpinistes. Les points de départ pour les randonnées sont, entre autres, les cabanes de Sidelen (en haut) et Albert Heim, avec le Tiefengletscher et le Galenstock.

Doubles pages suivantes: Aiguilles du Salbitschijen (2981 m).

Etang dans la zone naturelle protégée au-dessus du lac d'accumulation de la Göscheneralp, avec la chaîne du Dammastock.

Der Gotthardpass als internationaler Handels- und Verkehrsweg gehört in jede Alpenreise. Radfahrer und Automobilisten können abschnittweise noch die historische, gepflästerte Passstrasse befahren. Die Passhöhe liegt auf 2106 m ü. M. und ist nur während der Sommermonate erreichbar.

Folgende Doppelseiten: Während der Sommermonate fährt auch heute noch fast täglich die Gotthard-Pferdepost von Andermatt nach Airolo (Aufnahme oberhalb von Hospental).

Der Glacier Express ist auf der Richlerenbrücke bei Hospental in Richtung Wallis unterwegs.

En tant que route commerciale et de transit international, le col du Gothard doit faire partie de chaque voyage à travers les Alpes. Les cyclistes et les automobilistes peuvent encore utiliser la route du col historique, pavée sur certains tronçons. Le col culmine à 2106 m et n'est accessible que durante les mois d'été.

Doubles pages suivantes: Durant les mois d'été, la diligence postale circule presque quotidiennement entre Andermatt et Airolo (vue au-dessus d'Hospental).

Le Glacier Express sur le pont de Richleren près d'Hospental roule en direction du Valais.

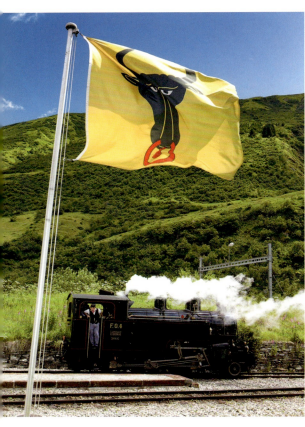

Wenn Schnee und Eis den Blumen Platz machen, dann beginnt bald die Fahrsaison der Dampfbahn Furka-Bergstrecke. Die Nostalgie-Erlebnisreise nach Gletsch und Oberwald beginnt in Realp. Dort werden Gäste von der Urner Kantonsflagge willkommen geheissen.

Folgende Doppelseite: Auf dem Weg zur Albert-Heim-Hütte. In den Regionen Gotthard, Furka und Grimsel sind mehrere hundert Kilometer Wanderwege ausgeschildert.

Quand la neige et la glace cèdent leur place aux fleurs, le début de la saison d'exploitation du Train à vapeur de la Ligne sommitale de la Furka est proche. Le voyage nostalgique vers Gletsch et Oberwald commence à Realp. Les hôtes y sont accueillis par le drapeau uranais.

Double page suivante: Sur le chemin de la cabane Albert Heim. Plusieurs centaines de kilomètres de sentiers de randonnée sont balisés dans les régions du Gothard, de la Furka et du Grimsel.

Der Rhonegletscher ist die Quelle des gleichnamigen Flusses, welcher der immer weiter abschmelzenden Eisfront nahe des Hotels Belvédère entspringt. Dort wird jedes Jahr eine Grotte ins Eis geschlagen. Hier starten auch die geführten Gletscherwanderungen.

Folgende Doppelseite: Während das Postauto vom «Belvédère» zur Furka-Passhöhe hochfährt, kann man zur Grimsel-Passhöhe und zum Finsteraarhorn (4274 m ü. M.) hinüberblicken.

Près de l'hôtel Belvédère, le Rhône jaillit du front de son glacier qui fond et recule sans cesse. Chaque année, une grotte y est taillée. Ici se trouve aussi le point de départ des visites guidées sur le glacier.

Double page suivante: Vue sur le col du Grimsel et le Finsteraarhorn (4274 m), alors que l'autobus postal monte du «Belvédère» en direction du col de la Furka.

Der Grimselpass wird bereits seit dem Altertum begangen. Der noch heute begehbare Saumweg führt über gemauerte und gepflästerte Abschnitte und über in den Fels gehauene Steinstufen.
So präsentiert sich die Grimsel-Passhöhe (2165 m ü. M.) mit dem Totensee von der Berner Seite her gesehen.

Le col du Grimsel est fréquenté depuis des temps immémoriaux. Le chemin muletier comprend des tronçons murés, pavés et des marches taillées dans la roche.
Sommet du col du Grimsel (2165 m) avec le Totensee, vu depuis le côté bernois.

Die Gommer Dörfer bestehen vorwiegend aus jahrhundertealten Gebäuden im typischen Lärchenholz-Baustil. Dorfstrasse in Oberwald (ganz oben).
Im Goms gehört die Landwirtschaft noch zum Alltag. In Obergesteln wird das Heu eingebracht.

Folgende Doppelseite:
Hinter der Gommer Haufensiedlung Geschinen zeigen sich die Wallfahrtskirche Ritzingerfeld und das Zermatter Weisshorn (4505 m ü. M.).

Les bâtiments plus que centenaires en bois de mélèze sont caractéristiques des villages de la vallée de Conches; rue à Oberwald (tout en haut).
L'agriculture fait partie du quotidien dans la vallée de Conches. Fenaisons à Obergesteln.

Double page suivante:
Derrière le village-tas de Geschinen apparaissent l'église de pèlerinage du Ritzingerfeld et le Weisshorn de Zermatt (4505 m).

Blumenweg Furkapass–Realp
Sentier fleuri Col de la Furka–Realp

Zahnstangen-Safari Gletsch–Oberwald
Safari-crémaillère Gletsch–Oberwald

Von der Postauto-Haltestelle Furkablick (2427 m ü. M.) steigen wir in gut 40 Minuten auf einem Serpentinenweg zur DFB-Station Furka (2163 m) hinunter. Von dort wandern wir gemächlich über die in allen Farben blühenden Alpwiesen und entlang der plätschernden Furkareuss zur Alphütte Sidelenstafel und zur Alp Steinstafel, wo wir auf den Dampfbahn-Natursteinviadukt treffen. Unterwegs genau den Wegmarkierungen folgen. Die sumpfigen Stellen sind mit Holzstegen begehbar gemacht. Etwa 90 Minuten nach dem Verlassen der Station Furka wird die DFB-Haltestelle Tiefenbach (1849 m) erreicht.

Dort verzweigt sich der Weg: Man kann von der Wasserfassung aus den Aufstieg am linken Talhang gegen die Furka-Passstrasse und dann den anschliessenden Abstieg zum Golfplatz Realp wählen. Wir folgen aber weiter dem Wanderweg parallel zur Dampfbahnstrecke und bewundern die Steffenbach-Klappbrücke. Der ausgeschilderte Pfad führt oberhalb der Alt-Senntumstafel-Tunnel zur kleinen Stallsiedlung Laubgädem. Nach einer Verschnaufpause steigen wir später zur Schweigstrasse hinunter, um vorbei an der Wilerbrücke und der DFB-Depotwerkstätte schliesslich das Dorf Realp (1538 m) zu erreichen. Die Wanderzeit Furkapass–Tiefenbach DFB–Realp beträgt insgesamt vier Stunden. In umgekehrter Richtung benötigt man mindestens eine Stunde mehr.

Depuis la halte du bus postal Furkablick (2427 m), nous descendons en bien 40 minutes à la station Furka DFB (2163 m) par un chemin en lacets. Nous marchons ensuite à travers des prés alpins fleuris le long de la Furkareuss jusqu'à la cabane d'alpage de Sidelenstafel, puis vers l'alpe de Steinstafel, où nous rencontrons le viaduc en pierres naturelles du DFB. Suivons exactement le balisage! Nous franchissons les passages marécageux sur des gués en bois. Environ 90 minutes après avoir quitté la station Furka, nous atteignons la halte de Tiefenbach DFB (1849 m). Ici, les chemins se séparent: on peut monter le flanc gauche de la vallée depuis la prise d'eau jusqu'à la route du col et descendre vers le golf de Realp. Nous suivons toutefois le sentier parallèle au tracé du train à vapeur et admirons le pont pliable du Steffenbach. Laissant les tunnels d'Alt Senntum en contrebas, le chemin balisé mène aux étables de Laubgädem. Après une brève pause, nous descendons vers la Schweigstrasse, passons près du pont de Wiler, devant l'atelier-dépôt DFB de Realp, puis atteignons Realp (1538 m). Le temps de marche Col de la Furka–Tiefenbach DFB–Realp est de quatre heures; dans le sens inverse, il faut au moins une heure de plus.

Diese Wanderung bringt uns in nächste Nähe zur 2010 wiedereröffneten Dampfbahnstrecke Gletsch–Oberwald. Nach dem Start beim Bahnhof Gletsch (1762 m ü. M.) gehen wir vorerst einige hundert Meter der Hauptstrasse entlang gegen Westen. Wir wechseln beim grossen Steintisch des Wegmacherhauses auf den ausgeschilderten Bergwanderweg. Vorerst führt der Pfad rechts der Rhone talwärts zum Gletsch-Kehrtunnel und dann gegen den Natursteinviadukt hinunter. Wir folgen zunächst dem linken Talhang. Der Weg verläuft parallel zur DFB-Strecke, auf der wir allfällig verkehrende Züge gut fotografieren können. Später wechseln wir über eine Brücke auf die gegenüberliegende Flussseite. Bei der Wegscheide Bärfel kann im Wald zum Hotel Rhonequelle (Restaurant/Postauto-Haltestelle) abgezweigt werden. Wir gehen aber weiter zur Kapelle St. Niklaus (1470 m), wo wir etwas rasten. Anschliessend wandern wir noch ein kurzes Stück im Lärchenwald und erreichen dann nach fast 90 Minuten Gehzeit das Gebiet beim Westportal des Furka-Basistunnels und wenig später den Oberwalder Ortsteil Unterwassern. Eine Viertelstunde später treffen wir am Bahnhof Oberwald (1366 m) ein, von wo wir mit der MGBahn, dem Postauto oder der Dampfbahn DFB weiterreisen können. Talwärts sollten Wanderer ungefähr mit zwei Stunden Gehzeit rechnen, bergwärts mit einer Stunde länger.

Cette randonnée nous mène près du tronçon ferroviaire Gletsch–Oberwald, remis en service en 2010. Après le départ de la gare de Gletsch (1762 m), nous suivons la route cantonale vers l'ouest sur une centaine de mètres. Près de la grande table en pierre de la maison du charron, nous prenons le sentier balisé sur la rive droite du Rhône et descendons en direction du tunnel hélicoïdal, puis vers le viaduc en pierres naturelles. Le chemin évolue sur le flanc gauche de la vallée, en parallèle à la voie du DFB; nous pouvons photographier les trains qui y circulent. Plus tard, nous changeons de rive sur un pont. A la bifurcation Bärfel, on peut prendre dans la forêt en direction de l'hôtel Rhonequelle (restaurant/halte du bus postal). Nous allons toutefois vers la chapelle Saint-Nicolas (1470 m). Après une brève pause, nous continuons à travers une forêt de mélèzes et arrivons près du portail ouest du tunnel de base de la Furka, après presque 90 minutes de marche. Peu après, nous atteignons Unterwassern, quartier d'Oberwald, et quinze minutes plus tard, nous aboutissons à la gare d'Oberwald (1366 m), d'où le voyage peut continuer avec le train MGB, le bus postal ou le Train à vapeur DFB. Le randonneur doit prévoir environ deux heures de marche dans le sens de la descente, une de plus en montée.

Furkapass–Alte Furkastrasse–Oberwald
Col de la Furka–Ancienne route de la Furka–Oberwald

Von der Postauto-Haltestelle Furka-Passhöhe (2431 m ü. M.) wandern wir auf der Naturstrasse in Richtung Muttgletscher. Rechts fällt der Blick talwärts zur Bahnhaltestelle Muttbach-Belvédère und nach Gletsch. Wir folgen dem Hang am Tällistock, durchschreiten drei kurze Tunnel und erreichen die Abzweigung gegen Gale und Hungerberg. Wir folgen dem Pfeil Richtung Bidmersee–Oberwald und bleiben an der Talflanke. Nun haben wir eine prächtige Panoramasicht auf den Rhonegletscher und zur Grimsel-Passhöhe. Den Markierungen folgend, durchqueren wir die Alpwiesen. Vorbei am romantischen Bidmersee kommen wir zur Alphütte Firbäch. Nun fällt der Weg steil ab, wobei auch die Rinne des Lengesbaches gequert wird.
Die Alpgebäude von Lichere und Gand lassen wir hinter uns und erreichen bald die Naturstrasse nach Geren Dorf.
Bei gleichbleibendem, leichtem Gefälle gehts hinunter zum schattigen Bergwald. Man kann über eine Abkürzung direkt gegen Oberwald absteigen oder zum Dörfchen Geren mit seinen beiden sehenswerten Kapellen weiterwandern. Wir kürzen dann die Kurven der Asphaltstrasse auf einem Pfad ab und erreichen schliesslich den Ortsteil Unterwassern und das Dorf Oberwald. Für die Wanderung Furkapasshöhe–Alte Furkastrasse–Oberwald sollte mit insgesamt vier Stunden Gehzeit gerechnet werden.

De la halte Furka Passhöhe (2431 m), nous suivons la route de campagne vers le glacier de Mutt. A droite en contrebas, on voit la halte de Muttbach-Belvédère DFB et Gletsch. Nous longeons le coteau du Tällistock, passons trois courts tunnels et arrivons à la bifurcation vers Gale et Hungerberg. Nous suivons le fléchage vers Bidmersee–Oberwald et restons sur le flanc de la vallée. La vue panoramique sur le glacier du Rhône et le col du Grimsel est magnifique. Nous traversons des prés en suivant les balises, passons à côté du Bidmersee romantique et atteignons la cabane Firbäch. Maintenant, le chemin descend en pente et franchit le lit du torrent Lengesbach. Nous laissons les bâtiments d'alpage de Lichere et Gand derrière nous et atteignons bientôt le chemin en terre battue vers le hameau de Geren.
Une légère pente régulière mène vers la forêt ombragée. On peut descendre directement à Oberwald par un raccourci ou continuer vers Geren, avec ses deux chapelles admirables. Un raccourci permet d'éviter les lacets de la route asphaltée et finalement, nous arrivons au quartier d'Unterwassern et à Oberwald.
Il faut prévoir environ quatre heures pour la randonnée Col de la Furka–Ancienne route de la Furka–Oberwald.

Panoramaweg Furkapass–Belvédère
Chemin panoramique Col de la Furka–Belvédère

Wir starten auf der Furka-Passhöhe beim Markierungsstein an der Kantonsgrenze Uri/Wallis und folgen einem ansteigenden Wanderpfad gegen den Hang des Furkastocks. Zwischen Steinblöcken und einer Menge Silberdisteln wandern wir, begleitet von Warnpfiffen der Murmeltiere, oberhalb der Passstrasse. Im Süden grüssen uns die Muttenhörner mit ihrem Hängegletscher. Tief unten erkennen wir das Westportal des Furka-Scheiteltunnels. Mit zunehmender Höhe zeigen sich auch der Totensee auf der Grimsel-Passhöhe und dahinter einige Gipfel der Berner Alpen mit dem alles krönenden Finsteraarhorn.
Bei den prächtigen Aussichtspunkten treffen wir auch auf Festungsbauten der Armee, wovon uns das 1894 eröffnete Artilleriewerk Galenhütten mit seiner äusserlich gut erhaltenen Bunkeranlage besonders auffällt. Wenig später kündigt felsiges Gebiet die Nähe zum Rhonegletscher an. Da liegt er nun, der zwischen den Gärsten- und Furkahörnern eingebettete, noch etwa 8,7 Kilometer lange Eisstrom mit seinen Runsen und Spalten. Wir schauen auf ihn hinunter und entdecken bei einem Rundumblick in der Ferne neben dem Weisshorn auch die Spitze des Matterhorns.
Ein steiler Schlussabstieg führt uns zum Berghotel Belvédère, wo wir in der Eisgrotte das Innere des Gletschers bewundern.
Für den Panoramaweg benötigt der Wanderer rund 70 Minuten Gehzeit.

Nous partons du sommet du col de la Furka, près de la borne frontière entre Uri et Valais, et montons un sentier vers le flanc du Furkastock. Accueillis par les sifflements d'alerte des marmottes, nous marchons au-dessus de la route du col, entre rochers et chardons argentés. Au sud, nous voyons les Muttenhörner et leur glacier suspendu et tout en bas le portail ouest du tunnel sommital. En prenant de l'altitude, nous apercevons le Totensee au col du Grimsel et plusieurs sommets des Alpes bernoises à l'arrière, dont le majestueux Finsteraarhorn.
Aux splendides points de vue, nous tombons sur des ouvrages fortifiés de l'armée, dont la batterie d'artillerie de Galenhütten, mise en service en 1894, à l'aspect extérieur remarquablement bien conservé. Peu après, le paysage rocheux annonce la proximité du glacier du Rhône. Le voici donc, ce fleuve de glace, qui mesure encore 8,7 kilomètres, encastré entre les Gärsten- et les Furkahörner, avec ses ravines et crevasses. Un coup d'œil à la ronde nous permet d'apercevoir au loin la pointe du Cervin à côté du Weisshorn.
Une descente finale en pente nous conduit à l'hôtel d'altitude Belvédère où, dans la grotte de glace, nous pouvons aussi admirer l'intérieur du glacier. Il faut compter environ 70 minutes de marche pour faire le chemin panoramique.

Erwachen aus dem Winterschlaf

Fin de l'hivernage

Texte · Textes: Beat Moser

In den Lawinenkegeln muss der hart gepresste Schnee mit Maschineneinsatz und viel Handarbeit schichtweise abgetragen werden. Am 22. Mai 2009 ist die Räummannschaft dabei, im Steffenbachtobel einen Graben für den Aufbau der Klappbrücke auszuheben.

Dans les cônes d'avalanches, la neige durcie doit être enlevée couche après couche à l'aide de machines et surtout manuellement. Le 22 mai 2009, l'équipe de déneigement creuse une tranchée dans la neige au fond du vallon du Steffenbach, afin de pouvoir installer le pont pliant.

Die Region am Furkapass steckt im Winter unter hohen Schneemassen und ist nur mit Ski oder Schneeschuhen zugänglich. Die Passstrasse und die Bahnstrecke müssen rechtzeitig zu Beginn der Sommersaison befahrbar sein. Dies ist immer ein abenteuerliches Unterfangen, ein unberechenbarer Wettkampf mit der Natur. Nach normalen Wintern müssen bei der Frühjahrsräumung an der Furka-Bergstrecke jeweils fast 80 000 m^3 Schnee und Eis von den Gleisen weggeschafft werden.

Nach der Räumung der Schienen kümmern sich Fronarbeiter um die Freilegung der angrenzenden Bahnanlagen und Dienstgebäude. Sobald die Zugänge frei sind, werden die Holzbretter und Stützbalken von den Fenstern und Türen weggenommen. Die an den ortsfesten Installationen als Winterschutz angebrachten Verschläge, Planen und Umhüllungen müssen entfernt werden. Dann sind die im Oktober abgebauten Einrichtungen wie Signale, Weichenstellböcke, Wasserkräne, Lampen und Geländer zu montieren. Nach der Kontrolle füllt man die entleerten Leitungen und Vorratsbehälter wieder mit Wasser. Man prüft die Elektroinstallationen und setzt die Stromzufuhr instand. Wichtig ist auch die Reinigung der Entwässerungsgräben, damit das Schmelzwasser gut ablaufen kann.

Allmählich zeigt es sich, wie viele Schäden der Winter diesmal angerichtet hat und ob alles rechtzeitig zur Betriebsaufnahme repariert werden kann.

Auch das Rollmaterial hat die Winterpause hinter sich. Aus Chur, Aarau und Goldau werden Fahrzeuge und Ersatzteile nach Realp gebracht. In den dortigen Werkstätten haben Fronarbeiter während der Wintermonate an den Lokomotiven und Wagen die vorgeschriebenen Revisionen sowie notwendige Umbauten und dringende Reparaturen ausgeführt.

Alle sind schliesslich erleichtert, wenn die Dampfbahn Furka-Bergstrecke pünktlich Mitte Juni aus dem Winterschlaf erwacht und die ersten Züge ihre Rauch- und Dampffahnen gegen den Himmel stossen.

Durant l'hiver, la région de la Furka est recouverte d'un épais manteau neigeux et ne peut être atteinte qu'à skis ou à raquettes. La route du col et la voie ferrée doivent néanmoins être prêtes pour la reprise du trafic avant l'été. Le déneigement est toujours une activité aventureuse, une lutte imprévisible avec la nature. Lors du déneigement printanier après un hiver normal, près de 80 000 m^3 de neige et de glace sont ôtés du tracé de la ligne sommitale de la Furka.

Après le dégagement des rails, les bénévoles débarrassent de la neige les installations ferroviaires et les bâtiments adjacents. Une fois les accès libérés, les fenêtres et les portes sont délivrées de leurs planches et étais. Les bâches et emballages, qui protégeaient les installations fixes des rigueurs de l'hiver, sont ôtés. Les équipements démontés en octobre sont réinstallés, par exemple les dispositifs de commande d'aiguillage, grues à eau, lanternes et rambardes; les conduites et réservoirs, qui avaient été vidangés, sont de nouveau remplis d'eau. Les installations électriques sont vérifiées et le réseau réalimenté. Le curage des rigoles de drainage est primordial pour permettre l'écoulement de l'eau de fonte des neiges. Progressivement, les dégâts provoqués par l'hiver se révèlent; si possible, ils sont réparés encore avant la mise en service.

C'est la fin de la pause hivernale aussi pour le matériel roulant. Les véhicules et des pièces de rechange sont acheminés à Realp depuis Coire, Aarau ou Goldau. Dans ces ateliers, des bénévoles ont réalisé les révisions prescrites ainsi que les transformations et réparations nécessaires.

Tous sont soulagés quand, vers la mi-juin, le Train à vapeur de la Ligne sommitale de la Furka met un terme à son hivernage conformément au programme et voient avec plaisir les premiers convois à nouveau dessiner des volutes de vapeur dans le ciel bleu.

Von November bis Mai liegt die Landschaft an der Furka unter tiefem Schnee. Situation vor Beginn der Schneeräumung: verschlossenes Tunnelportal beim Alt Senntumstafel, Flugschnee im offenen Aussichtswagen sowie Winterszene vor der Depotwerkstätte in Realp.

De novembre à mai, le paysage de la Furka repose sous la neige. Situation avant le début du déneigement: portail de tunnel fermé près d'Alt Senntumstafel, congères dans le wagon panoramique ouvert et scène hivernale devant l'atelier-dépôt à Realp.

Der Schnee muss weg!
Il faut déneiger!

Auch in der hoch technisierten Gegenwart ist das Auswintern am Furkapass eine sehr grosse Herausforderung, die von den Fronarbeitern nach wie vor viel Kraft und Ausdauer verlangt. Sobald es die Witterungs- und Lawinenverhältnisse Anfang Mai zulassen, rückt die spezialisierte Räummannschaft aus. Die etwa fünfzehn Fronarbeiter nehmen Kleinbagger, Motorfräsen sowie die Diesellok HGm 51 mit angebauter Schneeschleuder zu Hilfe. Das Ziel ist, die Strecke Realp–Gletsch innert dreier Wochen freizuräumen. Mit verschiedenen Vermessungs- und Ortungsmethoden wird der Streckenverlauf im hohen Schnee zentimetergenau abgesteckt. Die härteste Arbeit erfordert meistens der Streckenbereich beim Alt Senntumstafel (oberhalb Realp). Zwischen den drei Kurztunneln türmt sich der Lawinenschnee fast jeden Winter zehn bis zwölf Meter hoch. Beim Freilegen der Tunneltore ist sehr viel Handarbeit nötig. Im Tunnelinnern bildet das durchs Gewölbe eindringende Wasser oft grosse Eistürme, die man vorsichtig zertrümmern muss.
Zuerst kommen die auf Raupen und Pneurädern fahrenden Schleudermaschinen zum Einsatz. Sie graben sich Schicht um Schicht nach unten. Anschliessend räumt die Diesellok-Fräse den etwa einen Meter hoch liegenden Restschnee weg. Knifflig wird es an Stellen, wo sich die Grabentiefe der maximalen Auswurfhöhe der Maschinen nähert.
Zum Zeitpunkt der Betriebseröffnung nach Mitte Juni gleicht der Trassenbereich in den Lawinenabschnitten beim Alt Senntumstafel oder beim Westportal des Furka-Scheiteltunnels in Muttbach eher einem Schnee- und Eiskanal als einer Eisenbahnstrecke.

A la Furka, la sortie de l'hibernation est un défi de taille, même de nos jours. Elle exige des bénévoles force et endurance. Dès que les conditions météo et le risque d'avalanche le permettent, les équipes de déneigement sortent de leur abri et se mettent au travail. Pour ce faire, la quinzaine de bénévoles se sert de petits excavateurs, de fraiseuses à neige et de la locomotive diesel HGm 51 avec une turbine à neige montée à l'avant. Le but est de libérer le tronçon Realp–Gletsch de la neige en trois semaines.
Le tracé de la voie sous la neige est piqueté au centimètre près au moyen de divers moyens de localisation et d'arpentage. Habituellement, le secteur près d'Alt Senntum au-dessus de Realp est le plus exigeant. Entre les trois petits tunnels, la neige s'accumule sur une hauteur de dix à douze mètres. La libération des portails des tunnels exige beaucoup de travail manuel. L'eau, qui s'infiltre dans les tunnels par la voûte, forme des tours de glace qu'il faut casser avec précaution.
Les chasse-neige rotatifs, montés sur pneus ou chenilles, entrent en action en premier et enlèvent la neige couche par couche; le dernier mètre au-dessus des rails est alors ôté avec le chasse-neige à tambour rotatif fixé sur la loc diesel. Les difficultés peuvent surgir quand la profondeur de la tranchée dans la neige s'approche de la capacité maximale d'éjection des machines. Après la mi-juin, lors de la mise en service, les tronçons situés dans les zones d'avalanches entre les tunnels d'Alt Senntum et à Muttbach, à la sortie ouest du tunnel de faîte, ressemblent plus à des canaux de glace qu'à une ligne de chemin de fer.

Im Gebiet des Alt Senntumstafels zwischen Realp und Tiefenbach gehen jeden Winter mehrere Lawinen nieder. Dort sind besonders aufwendige Einsätze nötig, um rechtzeitig eine Fahrrinne freizulegen.

Folgende Doppelseite: Die Diesellok-Fräse räumt den Restschnee weg.

Chaque hiver, plusieurs avalanches descendent dans la vallée dans la région d'Alt Senntumstafel, entre Realp et Tiefenbach. Ici, des travaux particulièrement dispendieux sont nécessaires pour dégager à temps un couloir pour la circulation.

Double page suivante: La fraiseuse à neige de la locomotive diesel évacue les restes de neige.

Schneeräumung damals
Déneigement d'antan

Zwischen 1926 und 1981 hatten die Bahnanlagen am Furkapass manch harten Winter zu überstehen. Auf der jeweils zwischen Mitte Oktober und Anfang Juni stillgelegten Gleisverbindung waren Schneehöhen bis zu drei Metern die Regel. In den Lawinenregionen türmte sich der festgepresste Schnee 10 bis 25 Meter hoch. Damals gab es jedes Frühjahr durchschnittlich bis 160 000 m³ Material von den Schienen zu räumen. Beim Auswintern waren die Schneepflüge keine grosse Hilfe, und transportierbare Kleinbagger waren damals noch nicht verfügbar. Schleudermaschinen erhielt die FO erst anlässlich der Elektrifizierung 1941/42. So musste die Riesenarbeit praktisch ausschliesslich von Menschenhand geleistet werden.

Dazu wurde von April bis Juni eine möglichst grosse Zahl von Spatenmännern aufgeboten, die sich während Wochen mit Schaufeln, Pickeln, Baumsägen und Transportschlitten Meter um Meter durch die Schneemassen vorwärtskämpften. Den Bauern aus der Region war diese entlöhnte Arbeit sehr willkommen. Sie brachten auch die notwendige Kondition, Ausdauer und Wetterfestigkeit mit, um tagelang bei kalten Temperaturen und eisigen Winden bis zur Erschöpfung zu arbeiten.

Wenn sehr hohe Schneemassen innert nützlicher Frist mit Handarbeit nicht abzutragen waren, wurden gelegentlich auch Tunnel durch den Hartschnee gegraben. Solche weissen Tunnelröhren baute das FO-Personal bei Bedarf auch zum Lawinenschutz und stattete sie sogar mit einem Fahrdraht aus.

Leider sind auch einige Mitarbeiter bei Kontrollgängen oder bei der Räumarbeit von plötzlich niedergehenden Lawinen getötet worden.

Entre 1926 et 1981, les installations ferroviaires au col de la Furka avaient à supporter bien des hivers rigoureux. Des épaisseurs de trois mètres de neige étaient la règle sur la ligne, qui devait être mise hors service chaque année entre la mi-octobre et début juin. Dans les zones d'avalanche, la neige compacte s'amoncelait sur 10 à 25 mètres. A cette époque, il fallait chaque printemps évacuer en moyenne 160 000 m³ de matériel de la voie. Pour le déneigement, les chasse-neige à étrave n'étaient pas d'un grand secours, et les petits excavateurs n'existaient pas encore. Le FO n'a reçu des turbines à neige qu'à l'occasion de l'électrification en 1941/42. Ainsi, ce travail gigantesque devait être fait presque exclusivement manuellement.

A cet effet, le plus grand nombre possible «d'hommes-bêcheurs» étaient enrôlés, entre avril et juin, pour déneiger durant plusieurs semaines la voie, mètre par mètre, au moyen de pelles, pics, scies et luges de transport. Ce travail était le bienvenu chez les paysans de la région, qui avaient le physique nécessaire pour travailler durant des journées entières jusqu'à l'épuisement, par grands froids et vents glaciaux. Parfois, si le volume de neige important ne pouvait être enlevé dans un délai raisonnable, des tunnels étaient creusés dans la matière blanche. Si nécessaire, le personnel du FO construisait même de tels tubes blancs comme protection contre les avalanches et les équipait de lignes de contact. Malheureusement, on doit aussi signaler le décès de plusieurs collaborateurs pris dans des avalanches qui s'étaient déclenchées inopinément.

Das Westportal des Furka-Scheiteltunnels bei Muttbach-Belvédère (1951). Die 1940 von der FO in Dienst gestellten Elektroschleudern waren eine grosse Hilfe. Vor ihrer Beschaffung war jeweils ausschliesslich Handarbeit angesagt (bei der Haltestelle Muttbach-Belvédère).

Le portail ouest du tunnel de faîte de la Furka à Muttbach-Belvédère (1951). Les turbines à neige électriques, mises en service par le FO en 1940, étaient d'un grand secours. Avant leur acquisition, le travail manuel exclusif était de mise (près de la halte de Muttbach-Belvédère).

So präsentierte sich das mit Lawinenschnee gefüllte Steffenbachtobel vor dem Aufbau der Klappbrücke am 21. Mai 2009. Um den Brücken-Mittelteil hochziehen zu können, musste ein entsprechend breiter und tiefer Graben ausgehoben werden.

Folgende Doppelseite: Die Stahlseile werden für das Ausklappen des unteren Brückenteils vorbereitet.

Le ravin du Steffenbach le 21 mai 2009 rempli de neige avant le déploiement du pont pliable. Une tranchée aux dimensions adéquates a dû être excavée dans la neige afin de pouvoir hisser l'élément central du pont.

Double page suivante: Les câbles d'acier sont préparés pour le déploiement de l'élément inférieur du pont.

Montage der Steffenbachbrücke
Montage du pont du Steffenbach

Die Vorbereitungsarbeiten starten in der Regel zu Beginn des Monats Mai. Vorerst muss im Steffenbachtobel auf rund zwei Dritteln seiner Breite mit Motorsägen, Pickeln und Schaufeln eine quer liegende Rinne aus dem hart gepressten Lawinenschnee ausgehoben werden. Sonst lassen sich später die seitlich auf die Widerlager zurückgezogenen Brückenteile nicht ausklappen. Am Tag vor dem Aufbau macht die Mannschaft die bei der Brücke in einem Kleingebäude eingelagerte Montage- und Schutzausrüstung (Seilwinden, Drahtseile, Leitern, Hilfsgeräte und Geländerpfosten) bereit und errichtet eine kleine Seilbahn.

Am Aufbautag treffen die Spezialisten und Helfer um acht Uhr bei der Brücke ein. Jede Person hat ihren festgelegten Arbeitsbereich. Zuerst zieht man mit einem Hanfseil das Winden-Drahtseil zum unteren Brückenteil, das dann angehängt, bergwärts herausgezogen und auf dem Widerlager abgesetzt wird. Nach gut drei Stunden Arbeit ist diese erste Etappe abgeschlossen. Dann werden die Drahtseile an den Rollen umgehängt. Rund 90 Minuten später ist der obere Brückenträger talwärts ausgeklappt. In der dritten Phase widmet man sich dem im Graben hängenden Mittelteil. Er ist am unteren Brückenelement mit einem Scharnier befestigt und wird an der Rolle des Hilfsbocks auf das Gleisniveau hochgezogen und dann mit dem oberen Brückenteil verschraubt. Diese heikle Arbeit erfordert wiederum etwa zwei Stunden Zeit. Abschliessend werden die Drahtseil-Geländer angebracht und die Winden, Werkzeuge und das Zubehör weggeräumt. Wenn das Gleis und die Zahnstangen verbunden sind, ist die Brücke fahrbereit, und die Schneeräumung auf dem oberen Streckenteil kann beginnen.

Généralement, les travaux préliminaires commencent début mai. D'abord, une tranchée perpendiculaire à l'axe du vallon du Steffenbach doit être creusée, sur les deux tiers de sa largeur, au moyen de tronçonneuses, de pics et de pelles, dans la neige d'avalanche compacte qui s'y est accumulée, afin de pouvoir déployer les éléments du pont, qui à l'automne avaient été déposés latéralement contre les culées. La veille du montage, l'équipe prépare le matériel de montage et de protection (treuils, câbles, échelles, moyens auxiliaires, piquets de rambardes) entreposé dans un petit bâtiment près du pont et installe un petit téléphérique.

Le jour du montage, spécialistes et aides se retrouvent au pont à huit heures. Chaque personne a son propre domaine de travail. D'abord, le câble de treuillage est tiré au moyen d'une corde vers la partie aval du pont, qui y est accroché, extrait vers l'amont, puis déposé sur la culée. Après trois heures de travail, cette première étape est terminée. Puis, les câbles sont passés dans les poulies et, 90 minutes plus tard, la partie amont du pont se trouve déployée vers l'aval. Dans une troisième phase délicate, qui dure environ deux heures, l'élément médian, qui pend encore dans le vallon, suspendu à son extrémité à l'élément aval par une charnière, est hissé au niveau de la voie à l'aide du treuil et du chevalet auxiliaire; puis il est solidarisé à l'élément supérieur par vissage. Finalement, les parapets à câbles sont installés et les treuils, l'outillage et le matériel auxiliaire sont rangés. Après l'assemblage des rails et des rails-crémaillère, le pont est prêt au service et le déneigement de la partie supérieure de la ligne peut débuter.

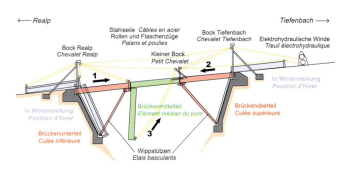

Die bergseitig platzierte elektrohydraulische Winde bewegt die Stahlseile (oben). Der Mittelteil wird über den kleinen Bock hochgezogen (unten).

Rechte Seite: Zuerst wird der untere Brückenteil ausgeklappt (links). Dann folgt das Hinausziehen des oberen Brückenteils (rechts). Die fertig montierte Steffenbachbrücke (unten).

Folgende Doppelseite: Streckengleis bei der Betriebseröffnung im Juni.

Le treuil électrohydraulique, placé en amont, met les câbles d'acier en mouvement (en haut). L'élément médian est hissé par l'intermédiaire d'un chevalet auxiliaire (en bas).

Page de droite: D'abord, l'élément aval du pont est mis en place (à gauche), puis son élément supérieur (à droite). Le pont, entièrement monté (en bas).

Double page suivante: La voie directe lors de l'ouverture en juin.

Stützpunkt Realp
Base de Realp

Texte · Textes: Beat Moser

Die Lokführer und Heizer sind auch für die Pflege, die Reinigung und den Unterhalt der als Kulturgut eingestuften Dampflokomotiven zuständig. Sie besitzen eine entsprechende Fachausbildung.

Folgende Doppelseite: Die HG 2/3 Nr. 6 «Weisshorn» wird in Realp unter Aufsicht für die Nachmittagsfahrt nach Gletsch unter Dampf gesetzt.

Les conducteurs de locomotives et les chauffeurs disposent d'une formation adéquate et sont aussi responsables de l'entretien, du nettoyage et de la maintenance des locomotives à vapeur considérées comme un bien culturel.

Double page suivante: A Realp, la HG 2/3 n° 6 «Weisshorn» est mise sous pression pour la course de l'après-midi en direction de Gletsch.

Das Herz der Dampfbahn DFB pulsiert in Realp, wo sich der Technik-Stützpunkt und die Betriebsleitung befinden. Beim 2006/07 neu gebauten Aufnahmegebäude des Bahnhofs mit den drei Bahnsteiggleisen herrscht während der Sommermonate jeweils ein reges Treiben. Es gibt dort neben Büros, Billettschaltern und sanitären Einrichtungen auch einen grosszügig ausgestatteten Souvenir-Shop und einen rot lackierten Café-Wagen. Nahe beim Portal des Furka-Basistunnels steht seit 1990 die Depotwerkstätte mit einer 14-Meter-Drehscheibe, wo die technischen Dienste beheimatet sind. Neben der dreigleisigen Lokremise stehen hier verschiedene Abstellgleise und Werkplätze zur Verfügung, eine Bekohlungsanlage, Hebekräne, ein Wasserkran sowie ein unterirdisch im Fels angelegtes Materiallager. Das 2006 erstmals erweiterte Hauptgebäude enthält auch einige Zimmer mit insgesamt zwanzig Schlafplätzen, Räumlichkeiten für die Arbeit mit den Werkzeugmaschinen, zwei Büros sowie Duschen, Toiletten und die Wäscherei. Dem leiblichen Wohl des Personals dient eine modern ausgestattete Kantine.

In der Depotwerkstätte Realp kümmert man sich um den Kleinunterhalt des DFB-Rollmaterials, das Ende 2009 aus 4 Dampfloks, 9 Dieseltriebfahrzeugen sowie 13 Personen- und 42 Dienstwagen bestand. Hier arbeiten eingespielte Teams, die auf engstem Raum auch Teilrevisionen und einfachere Reparaturen vornehmen. Die Platzverhältnisse werden sich nach der Inbetriebnahme des Erweiterungsbaus im Jahr 2011 verbessern. Dann werden zwei zusätzliche Standplätze für die Revision und Aufarbeitung der Dampfloks, zwei Standplätze für dieselthermische Fahrzeuge und Schneeräummaschinen und ein Standplatz für die Wagenrevision sowie zusätzliche Lagerräume zur Verfügung stehen. Die Grundsteinlegung für den Neubau erfolgte am 29. August 2009. Für die Bauarbeiten sind rund 1500 Fronarbeitsstunden eingeplant, damit möglichst wenig Spendengelder beansprucht werden.

Le cœur du Train à vapeur DFB bat à Realp, où se trouvent le point d'appui technique et la permanence d'exploitation. Durant l'été, le nouveau bâtiment d'accueil, construit entre 2006 et 2007, est le centre d'une intense activité. Hormis les bureaux, les guichets et des installations sanitaires, on y trouve un magasin de souvenirs généreusement achalandé. Depuis 1990, le dépôt-atelier avec les services techniques et une plaque tournante de 14 mètres sont installés près du portail du tunnel de base de la Furka. En plus de la remise à trois voies pour locomotives, on y trouve des voies de garage et des emplacements de travail, un dispositif de chargement de charbon, des grues, une grue à eau et un dépôt de matériel souterrain. Le bâtiment principal, agrandi une première fois en 2006, abrite quelques chambres avec en tout vingt places de couchage, des locaux avec des places de travail équipées de machines-outils, deux bureaux, des douches, des toilettes et la buanderie. Une cantine moderne assure le bonheur gourmand du personnel.

Les petits travaux d'entretien du matériel roulant du DFB, qui à la fin 2009 se composait de 4 locomotives à vapeur, 9 véhicules à moteur diesel, 13 voitures voyageurs et 42 wagons de service, sont exécutés à l'atelier-dépôt Realp. Des équipes bien rodées y réalisent même, dans un espace très restreint, des révisions partielles ou des réparations simples. Les conditions de travail s'amélioreront en 2011, suite à la mise en service d'un bâtiment annexe. Il abritera deux emplacements supplémentaires pour les révisions et réparations de locs à vapeur, deux pour les véhicules à moteur thermique et les chasse-neige, une place pour la révision de wagons ainsi que des entrepôts supplémentaires. La pose de la première pierre du nouveau bâtiment a eu lieu le 29 août 2009. Environ 1500 heures de travail de bénévolat sont prévues pour sa réalisation, afin d'utiliser le plus économiquement possible les dons d'argent.

Nach der Rückkehr in Realp hat die Lokmannschaft ihre Maschine von Russ und Schlacke zu befreien. Auch muss der Kohlevorrat für die nächste Fahrt ergänzt werden. Selbstverständlich gilt während der Dienstzeit die Null-Promille-Regel. Doch erschöpft nach einem langen Arbeitstag darf sich das Lokpersonal ein Feierabend-Bier gönnen.

Folgende Doppelseite: Arbeitsbeginn am Morgen: Über die Drehscheibe vor der Depotwerkstätte wechselt die Lok Nr. 1 auf das Streckengleis, um anschliessend zum Bahnhof Realp zu fahren.

Après le retour à Realp, le personnel de locomotive doit nettoyer la machine de la suie et retirer les scories. La réserve de charbon est complétée pour le prochain voyage. Evidemment, la limite du zéro pour mille est de rigueur durant le service. Mais après une journée bien remplie, le personnel de locomotive peut se permettre une bière.

Double page suivante: Début de la journée de travail le matin: devant le dépôt, la loc n° 1 passe sur la plaque tournante pour atteindre la voie directe et se rendre à la gare de Realp.

Lokwerkstätte Chur
Atelier de locomotives Coire

In der 1997 eröffneten Lokwerkstätte Chur kümmern sich auf 1000 m² Hallenfläche etwa siebzig Fronarbeitskräfte um die Revision und Aufarbeitung der Dampfloks. Sie übernehmen die Zerlegung und Montage der Maschinen sowie die Reinigung, Reparatur und Neuanfertigung der Bauteile. Dabei arbeiten sie eng mit spezialisierten Firmen zusammen. Bestausgewiesene Berufsleute investieren fast ihre gesamte Freizeit, um die kompetente Planung und Ausführung aller bis zur Wiederinbetriebnahme auf der Furka-Bergstrecke notwendigen Arbeitsschritte sicherzustellen. Jedes Jahr werden in Chur zwischen 8000 und 10 000 Arbeitsstunden geleistet.

Die Totalrevision einer betriebsfähigen Dampflok erfordert ungefähr 15 000 Arbeitsstunden. Dafür sind in einem Frondienstbetrieb mindestens drei bis vier Jahre einzuplanen. Die Churer DFB-Werkstätte widmete sich von 1997 an vorerst der Aufarbeitung der Lok HG 3/4 Nr. 4 (Dauerleihgabe der FO/MGBahn), die im Juni 2006 in neuwertigem Zustand an die Furka zurückkehrte. Als nächste Herausforderung nahmen die Handwerker die Lok Nr. 9 in Arbeit. Sie stand zwischen 1993 und 2007 auf der Furka-Bergstrecke im Fahrplaneinsatz und wird aktuell einer Totalrevision unterzogen. Wenn alles klappt, soll sie 2012 wieder zwischen Realp, Gletsch und Oberwald unterwegs sein.

In Einzelteile zerlegt waren 2009 in Chur die beiden Vierkuppler-Loks HG 4/4 (SLM Baujahre 1923/1930). Die 1990 aus Vietnam zurückgeholten Maschinen werden in rund 25 000 Arbeitsstunden betriebsfähig hergerichtet. Spätestens Ende 2014 soll der Gebäudekomplex der Churer Werkstätte einer Grossüberbauung weichen.

Environ 70 bénévoles révisent et reconstruisent les locomotives à vapeur dans la halle de 1000 m² de l'atelier de locomotives à Coire. Ils y démontent et remontent les machines; nettoient, réparent et reconstruisent leurs éléments. A cet effet, ils collaborent étroitement avec des firmes spécialisées. Des ouvriers experts investissent presque tout leur temps libre pour assurer la bienfacture lors de toutes les étapes du travail, de la planification à la réalisation, jusqu'à la remise en service sur la ligne sommitale. Entre 8000 et 10 000 heures de travail sont fournies annuellement à Coire.

La révision totale d'une locomotive à vapeur nécessite environ 15 000 heures de labeur. Dans une entreprise de bénévoles, il faut prévoir trois à quatre ans à cet effet. Depuis 1997, l'atelier DFB de Coire s'est consacré en premier lieu à la reconstruction de la loc HG 3/4 n° 4 (prêt de longue durée du FO/MGB), qui est retournée à la Furka comme neuve en juin 2006. Le prochain défi pour les artisans de Coire est la loc n° 9. Elle avait servi sur la ligne sommitale de 1993 à 2007 et est actuellement en révision totale. Si tout va bien, elle sera de nouveau engagée entre Realp et Oberwald dès 2012.

A Coire, les locs à quatre essieux couplés HG 4/4 (années de construction 1923/1930) étaient entièrement désassemblées en 2009. Ces machines, récupérées au Vietnam en 1990, seront remises en état au cours de 25 000 heures de travail. Au plus tard fin 2014, le complexe de l'atelier de Coire devra céder sa place à un grand lotissement.

Erfahrene Handwerker sind mit den Lokrevisionen beschäftigt. Im Rostkleid wartet die HG 4/4 auf die Aufarbeitung.

Des artisans expérimentés s'occupent de réviser les locomotives. La HG 4/4 rouillée attend d'être restaurée.

Mit Blumenschmuck wurde die HG 3/4 Nr. 4 im Juni 2006 nach der mehrjährigen Totalrevision in Chur verabschiedet.

Folgende Doppelseite: Lokführer-Gruss in Realp.

En juin 2006, la HG 3/4 n° 4 pavoisée de fleurs a quitté l'atelier de Coire après une révision totale qui a duré plusieurs années.

Page double suivante: Salut de mécanicien à Realp.

Lok HG 3/4 Nr. 2 im Depotgebäude Song Pha; Lok HG 4/4 beim Strassentransport in Vietnam.

Loc HG 3/4 n° 2 au dépôt de Song Pha; loc HG 4/4 lors du transport par route au Vietnam.

Back to Switzerland
Back to Switzerland

Die DFB wollte die 1947 nach Vietnam verkauften FO-Dampfloks HG 3/4 und einige Exemplare der 1923 bis 1930 von der SLM Winterthur und der Maschinenfabrik Esslingen direkt dorthin gelieferten Vierkuppler-Maschinen HG 4/4 in die Schweiz zurückholen. Nach zähen Verhandlungen gelang es am 7. April 1990, in Hanoi den Kaufvertrag für vier Lokomotiven der Typen HG 3/4 und HG 4/4, einen gedeckten Güterwagen, zwei Flachwagen und diverse Lok-Ersatzteile abzuschliessen.

Am 9. August 1990 machte sich ein zwölfköpfiges Team mit einem Tiefladeanhänger mit sechzehn lenkbaren Rädern und mit zwei russischen Lastwagen an die Arbeit. Fahrzeug um Fahrzeug wurde vorerst auf einer gefällreichen Bergstrasse von Da Lat nach Song Pha gebracht. Dabei mussten mit den bis zu 54 Tonnen schweren Transportlasten auch offiziell nur mit 18 bis 25 Tonnen belastbare Brücken befahren werden. Mit technischem Erfindergeist, übermenschlicher Leistung und einer Portion Frechheit gelang es, alles Material trotz eines zeitweiligen Fahrverbots innert zehn Tagen unfall- und schadenfrei nach Song Pha zu bringen. Anschliessend erfolgte der Strassentransport nach Thap Cham.

Die letzte Etappe nach Saigon legte die rostige Fracht am 6./7. September mit einem Sonderzug der vietnamesischen Staatsbahn in einer 36-stündigen Reise zurück. Vom heutigen Ho-Chi-Minh-Stadt wurde das 250 Tonnen schwere Material nach Hamburg verschifft. Mit der Deutschen Bahn erreichten die Loks die Schweiz, wo sie die DFB am 30. November 1990 im Verkehrshaus Luzern stolz der Öffentlichkeit präsentierte. Mit dieser 1,5 Millionen Franken teuren Aktion «Back to Switzerland» gelang es den Furkabahn-Pionieren, ihren festen Willen zur Wiederinbetriebnahme der Furka-Bergstrecke international unter Beweis zu stellen.

Le DFB voulait rapatrier en Suisse les locomotives à vapeur HG 3/4 du FO, vendues au Vietnam en 1947, et des machines à quatre essieux couplés HG 4/4, qui y ont été livrées entre 1923 et 1930 par la SLM Winterthur et la fabrique de machines Esslingen. Après d'âpres négociations, le contrat de vente a pu être signé pour quatre locomotives HG 3/4 et HG 4/4, un wagon couvert, deux plats et des pièces détachées de locomotives.

Le 9 août 1990, une équipe de douze personnes s'est mise au travail avec deux camions russes et une remorque surbaissée à seize roues directrices. Une loc après l'autre a été acheminée de Da Lat à Song Pha par une route sinueuse. Les convois de 54 tonnes franchissaient parfois des ponts à la charge maximale de 18 ou 25 tonnes. L'inventivité, le travail exceptionnel et l'audace ont permis de ramener le matériel sans encombre à Song Pha, malgré l'interdiction temporaire de circuler. La suite du transport vers Thap Cham s'est faite par la route.

Les 6/7 septembre, la cargaison rouillée a fait la dernière étape du voyage vers Saigon à bord d'un train spécial des chemins de fer vietnamiens en 36 heures. A Hô-Chi-Minh-Ville, les 250 tonnes de matériel a été embarqué pour l'Allemagne, d'où il a rejoint la Suisse sur des trains de la Deutsche Bahn. Le 30 novembre, le DFB a présenté les locs au public au Musée Suisse des Transports à Lucerne. L'action «Back to Switzerland», d'un coût de 1,5 million de francs, a permis aux pionniers du train de la Furka de prouver leur inébranlable volonté de remettre en service la ligne sommitale de la Furka.

Nach der Ankunft in Hamburg beim Ausladen mit dem Schwimmkran und im Schiffsladeraum.

Lors du déchargement au moyen de la grue flottante et dans la soute, après l'arrivée à Hambourg.

Folgende Doppelseite: Loks HG 3/4 Nr. 1, HG 2/3 Nr. 6 und Nr. 7 sowie HG 3/4 Nr. 9 vor dem Depot Realp im Sommer 2002.

Page double suivante: Locs HG 3/4 n° 1, HG 2/3 n° 6 et n° 7, ainsi que HG 3/4 n° 9 devant le dépôt à Realp en été 2002.

Wagenwerkstätte Aarau
Atelier de wagons Aarau

Mit dem Wagenbau begann die 1350 Mitglieder zählende VFB-Sektion Aargau im Jahr 1994 in einer ersten Werkstätte an der Industriestrasse in Aarau. Im Frühjahr 2007 erfolgte der Umzug auf das von der Stadt Aarau langfristig gemietete Areal des alten Schlachthauses. Die dort zur Verfügung stehenden Gebäude bieten eine Nutzfläche von rund 1400 m² und wurden in fast 10 000 Arbeitsstunden und mit Investitionen von 120 000 Franken baulich angepasst und zweckmässig eingerichtet. Die Anlage besteht aus einer auch mit Strassenfahrzeugen befahrbaren Montagehalle mit zwei Portalkränen von je 5 Tonnen Tragkraft. Angegliedert sind eine modern ausgestattete Schlosserei und eine vielseitig ausgerüstete Schreinerei. Neben einer Kantine mit Küche und zwei Lagerräumen stehen auch ein Ausstellungs- und Informationsraum für Besucher, ein als Lagerplatz genutztes Freigelände von 200 m² Fläche sowie genügend Parkplätze zur Verfügung.

Die etwa fünfzig Frondienstkräfte arbeiten jeweils am Dienstag und Donnerstag, gelegentlich auch am Samstag. Zwischen 1994 und 2009 sind insgesamt sieben Reisezugwagen mehrheitlich neu aufgebaut oder umfassend erneuert worden. An einigen bereits früher anderweitig hergerichteten Personenwagen wurden Umbauten oder Sanierungen ausgeführt. So erhielten hier auch die beiden offenen Aussichtswagen C 2353 und 2354 Einrichtungen zur Beförderung von Rollstuhlgästen. Für die Restaurierung eines Reisezugwagens mit Wagenkasten, Inneneinrichtung und Revision des Untergestells und der Drehgestelle sind jeweils rund 10 000 Arbeitsstunden nötig.

Dès 1994, la section ALSF Aarau, qui compte 1350 membres, a commencé à construire des wagons dans un premier atelier situé à l'Industriestrasse à Aarau. Au printemps 2007, l'atelier a été déménagé sur l'aire de l'ancien abattoir d'Aarau, mis en location par la ville dans un bail de longue durée. La surface utile des bâtiments qui s'y trouvent est de 1400 m². Ils ont été adaptés et aménagés au cours de 10 000 heures de travail avec un investissement financier de 120 000 francs. Les installations comportent une halle de montage accessible aux véhicules routiers et deux grues à portique de 5 tonnes de capacité de charge; une serrurerie et une menuiserie à l'équipement moderne et varié jouxtent le bâtiment central. Une cantine avec cuisine, deux entrepôts, un local d'exposition et d'information pour les visiteurs, un terrain libre de 200 m² utilisé comme dépôt et des places de parc en suffisance complètent l'aménagement.

Les quelque cinquante bénévoles y travaillent les mardis et jeudis, parfois le samedi. En tout, sept voitures voyageurs ont été soit en grande partie reconstruites, soit renouvelées de façon approfondie entre 1994 et 2009; d'autres encore, déjà restaurées ailleurs, y ont été transformées ou assainies. Par exemple, les voitures panoramiques ouvertes C 2353 et 2354 ont été adaptées au transport de personnes en fauteuil roulant. Il faut compter environ 10 000 heures de travail pour restaurer une voiture voyageurs avec sa caisse, son aménagement intérieur, son châssis et ses bogies.

Aufarbeitung von Reisezugwagen in Aarau (Untergestell, Kasten sowie Inneneinrichtung in 1. und 2. Klasse).

Reconstruction de voitures voyageurs à Aarau (châssis, caisse et aménagement intérieur de 1ʳᵉ et 2ᵉ classe).

Erlebnis Furka-Bergstrecke
Aventure Ligne sommitale de la Furka

Texte · Textes: Beat Moser

Realp–Tiefenbach
Zwischen Wasser und Fels
Entre eau et roche

Nach der Abfahrt in Realp folgt der Dampfzug mit der roten Wagengarnitur «Glacier Express 1930» der Furkareuss bis in deren Quellgebiet am Furkapass.

Folgende Doppelseite: Im Führerstand der Lok HG 3/4 Nr. 1 beim Nachlegen der Kohle.

Après le départ à Realp, la rame rouge façon «Glacier Express 1930» suit la Furkareuss jusque dans la région du col de la Furka, où le torrent prend sa source.

Double page suivante: Dans la cabine de conduite de la loc HG 3/4 n° 1 lors de l'ajout de charbon.

Zischend strömt der Dampf in die Zylinder, und stossweise entweicht der Rauch aus dem Kamin. Langsam bewegen sich die Triebstangen und lassen Achsen und Räder anrollen. Mit einem lauten Pfiff startet die Lokomotive mit der Typenbezeichnung HG 3/4 Nr. 1 zur gut zweistündigen Nostalgiefahrt nach Oberwald. An den Kupplungshaken hat sie drei Personenwagen, aus deren Fenstern die erwartungsfrohen Fahrgäste den im Bahnhof Realp (1546 m ü. M.) zurückgebliebenen Personen zum Abschied zuwinken. Vorbei an der Depotwerkstätte wendet sich der Zug der gegen Hochwasser verbauten Furkareuss zu, die ihm den Weg in ihr Quellgebiet weisen wird.

Mit viel Gefühl lässt der Lokführer die ihm anvertraute Maschine in den ersten Zahnstangenabschnitt einfahren. Wenn auch die Bremszahnräder der Wagen in die Stahllamellen eingerastet haben, kann die Lok ihre 60 Tonnen schwere Anhängelast auf rund 30 Kilometer pro Stunde beschleunigen. Auf der 25 Meter hohen Wilerbrücke wechselt das Bahngleis auf die andere Uferseite, um beim Alt Senntumstafel zwischen Geröllhängen mit dichtem Buschwerk und Felsblöcken an Höhe zu gewinnen. Es sind auch drei kurze Tunnel zu durchfahren. Viele Schneereste erinnern selbst im Spätsommer noch an die während der Wintermonate niedergegangenen Lawinen. Der international einzigartigen Steffenbachbrücke können die unberechenbar zu Tale donnernden Massen aus Schnee, Eis, Steinen und Holz nicht mehr gefährlich werden. Ihre drei Stahlbalken lassen sich während der winterlichen Betriebspause mit einem Klappmechanismus in Sicherheit bringen.

Nach dem Verlassen der Doppellamellen-Zahnstange erreicht der Zug bald die Haltestelle Tiefenbach (1849 m ü. M.), wo sich die Dampflok, das Personal und die Fahrgäste eine kurze Verschnaufpause gönnen können. Die Zeit nutzt der Heizer, um die Wasservorräte des Triebfahrzeugs zu ergänzen. Er wird dabei aufmerksam von wissbegierigen Reisenden beobachtet.

La vapeur sort des cylindres en chuintant et des bouffées de fumée jaillissent de la cheminée. Lentement, les bielles se mettent en mouvement et entraînent roues et essieux. Après un bref coup de sifflet, la locomotive HG 3/4 n° 1 se met en branle pour un voyage nostalgique de plus de deux heures en direction d'Oberwald. A son crochet, elle a trois voitures voyageurs. Les passagers impatients saluent de la main les personnes qui restent sur les quais à Realp (1546 m). Le train passe devant le dépôt-atelier, puis rejoint la Furkareuss, sécurisée contre les risques d'inondations, que le convoi suivra jusque dans la région où naît la rivière.

Avec beaucoup de doigté, le conducteur de la locomotive fait entrer dans la première section à crémaillère la machine qui lui est confiée. Dès que les roues-crémaillère de freinage des wagons se sont à leur tour enclenchées, la locomotive peut accélérer sa charge remorquée de 60 tonnes jusqu'à 30 kilomètres à l'heure. La voie change de rive sur le pont de Wiler, haut de 25 mètres. Arrivée dans la région d'Alt Senntumstafel, elle se faufile entre éboulis, buissons denses et blocs de roche pour prendre de l'altitude. Trois petits tunnels sont à passer. Ici, même à la fin de l'été, des amas de neige témoignent des nombreuses avalanches de l'hiver. Le pont du Steffenbach, unique au monde, ne craint plus les masses de neige, de glace, de pierres et de bois qui déferlent bruyamment vers le fond de la vallée. Son mécanisme pliant à trois poutres porteuses en acier permet de le mettre en sécurité pour l'hiver.

Peu après la sortie de la crémaillère à double lame, le train arrive à la halte de Tiefenbach (1849 m), où la locomotive, le personnel et les passagers s'octroient une courte pause. Les voyageurs observent attentivement le chauffeur qui complète les réserves d'eau de la locomotive.

Vor der Zugsabfahrt in Realp bleibt noch Zeit für ein stärkendes Getränk am Café-Wagen.

Der Fahrplanzug verlässt den Bahnhof Realp, beobachtet von den Fahrgästen des später nachfolgenden Entlastungszuges (rechts).

Avant le départ à Realp, il reste un peu de temps pour prendre une boisson fortifiante au wagon-café.

Le train à vapeur régulier quitte la gare de Realp, admiré par les passagers du train de dédoublement suivant (à droite).

Die historischen Reisezugwagen sind sorgfältig restauriert worden. Die Inneneinrichtung entspricht dem Stil der 1930er-Jahre. Die Aufnahme zeigt die frühere 3. Klasse oder Holzklasse.
Auch die jüngste Generation lässt sich für die Technik unserer Vorfahren begeistern (rechts).

Folgende Doppelseite: Vor der Einfahrt in den ersten Zahnstangenabschnitt in Realp (Gipfelpanorama von rechts: Spitzberg, Müeterlishorn und Blauberg).

Les voitures voyageurs historiques ont été soigneusement restaurées. L'aménagement intérieur correspond au style des années 1930. La vue montre l'ancienne 3ᵉ classe ou classe en bois.
La jeune génération aussi s'enthousiasme pour la technique de nos aïeux.

Double page suivante: Avant l'entrée dans la première section à crémaillère à Realp (panorama des sommets depuis la droite: Spitzberg, Müeterlishorn et Blauberg).

Nach der mit einem Schild markierten Einfahrt in den ersten Zahnstangenabschnitt folgt bald die 70 m lange Wilerbrücke, wo erstmals die Furkareuss überquert wird. Das Bauwerk ist 1955 nach dem Einsturz des ursprünglichen Natursteinviadukts neu errichtet worden.

Folgende Doppelseite: Ebenfalls auf der Wilerbrücke zeigt sich die Lok HG 3/4 Nr. 4 bei ihrer Jungfernfahrt am 24. Juni 2007.

Peu après l'entrée dans la crémaillère signalisée, la voie franchit pour la première fois la Furkareuss sur le pont de Wiler, long de 70 m. L'ouvrage actuel en acier remplace l'ancien viaduc à arches en maçonnerie de pierres naturelles, qui s'était effondré en 1955.

Double page suivante: La loc HG 3/4 n° 4 lors de son voyage inaugural le 24 juin 2007.

Die älteren Dampflokführer und Heizer geben ihre Fachkenntnisse und Erfahrungen an jüngere Generationen weiter. So wird sichergestellt, dass die historischen Triebfahrzeuge auch in Zukunft im Einsatz stehen werden.

Folgende Doppelseite: Die dekorierte Lok HG 3/4 Nr. 4 verlässt den Alt Senntumstafel-Tunnel III. Durch den Rauch und Dampf sind die Fensterscheiben der Wagen beschlagen.

Les conducteurs de locomotives chevronnés transmettent leur savoir spécialisé et leur expérience aux plus jeunes générations, garantissant ainsi la continuité du fonctionnement des véhicules historiques.

Double page suivante: La HG 3/4 n° 4 décorée quitte le tunnel d'Alt Senntumstafel III. La fumée et la vapeur ont embué les fenêtres.

Der letzte Lawinenschnee schmilzt jeweils erst im August vollständig weg. Dies gilt vor allem für die Bereiche Alt Senntumstafel (links) und Steffenbachtobel (rechts) sowie für das Westportal des Furka-Scheiteltunnels.

Folgende Doppelseite: Besonders prächtig setzt sich der rote Zug auf der Steffenbachbrücke in Szene.

Les derniers restes de neige d'avalanche ne fondent définitivement qu'en août, notamment dans les régions d'Alt Senntumstafel (à gauche) et dans le ravin du Steffenbach (à droite), ainsi que devant le portail ouest du tunnel sommital de la Furka.

Double page suivante: Le train rouge est du plus bel effet sur le pont du Steffenbach.

Beim ersten Zwischenhalt in Tiefenbach wird der Wasservorrat der Dampflok ergänzt. Während einer Hin- und Rückfahrt von Realp nach Oberwald werden 1200–1500 Kilo Kohle verfeuert und 10 000 Liter Wasser verdampft.

Lors de la première halte à Tiefenbach, les réserves d'eau sont complétées. Au cours d'un voyage aller-retour Realp–Oberwald, 1200–1500 kilos de charbon sont brûlés et 10 000 litres d'eau évaporés.

Fronarbeit und Furka-Virus
Atteints par le virus de la Furka

Die Freude an der Eisenbahn, an den Bergen und der wilden Natur motiviert jedes Jahr mehrere hundert Frauen und Männer, bei Arbeitseinsätzen an der Furka Abenteuer, Geselligkeit und einen Muskelkater zu suchen. Mit viel Einsatz und einem grossen Durchhaltewillen stellen sie sich den Herausforderungen von Bauwochen, um bei jedem Wetter an Sanierungs- und Unterhaltsarbeiten entlang der hochalpinen Strecke in geeigneter Weise mitzuwirken. Als Belohnung erwarten sie eine Menge frische Bergluft, die Geselligkeit und Kameradschaft, das Kennenlernen neuer Leute, eine saubere Unterkunft mit guter Verpflegung, eine Freifahrt und ein kostenloses Körpertraining.
Die 23 Sektionen des Vereins Furka-Bergstrecke (VFB) in der Schweiz, in Deutschland, Holland und Belgien mit insgesamt über 7900 Mitgliedern stellen die Helferinnen und Helfer der Freiwilligenarbeit, die bei der Dampfbahn jedes Jahr über 10 000 Arbeitsstunden leisten und dabei ihre Urlaubstage sinnvoll und nachhaltig einsetzen.
Mit entsprechender Ausbildung sind sie auch als Fahrdienstleiter, Zugbegleiter, Heizer, Lokführer oder Kantinenköchin tätig. Nicht minder wichtig sind Einsätze beim Billett- und Souvenirverkauf oder als Betreuerinnen und Betreuer der Info-Points.
Wer vom «Furka-Virus» infiziert ist, stellt seine Kenntnisse und seine Erfahrung auch ausserhalb der Betriebssaison zur Verfügung. So bieten unter anderen der Wagenbau in Aarau oder die Lokomotivwerkstätte in Chur sowie verschiedenste Werbeaktionen an Märkten und Ausstellungen interessante Tätigkeiten. Und sollte jemand nicht mitarbeiten können, dann kann er auch mit einer Spende zugunsten der Stiftung Furka-Bergstrecke die Erhaltung des wertvollen Kulturgutes sichern helfen.

Le plaisir de la chose ferroviaire et la beauté de la montagne motivent chaque année des centaines d'hommes et de femmes à rechercher l'aventure, la convivialité et les crampes musculaires lors d'engagements de travail à la Furka. Avec beaucoup d'opiniâtreté, ils relèvent le défi de se rendre utiles en entretenant la ligne alpine par n'importe quel temps. Une bouffée d'air frais de la montagne, la camaraderie et les nouvelles rencontres, un habitat propre et une bonne subsistance, un voyage en train et un entraînement physique gratuits sont leurs récompenses.
Les 23 sections de l'Association Ligne sommitale de la Furka (ALSF) en Suisse, en Allemagne, aux Pays-Bas et en Belgique et leurs 7900 membres fournissent les bénévoles qui travaillent plus de 10 000 heures par an pour le Train à vapeur, investissant intelligemment et durablement leurs congés.
Avec une formation appropriée, ils peuvent aussi être agents de circulation ou d'accompagnement, chauffeurs, mécaniciens de locos ou cuisinière. Tout aussi importantes sont la vente de billets et de souvenirs ou l'assistance aux Points Info.
Celui qui a été infecté par le virus de la Furka se met à disposition aussi en dehors de la saison d'exploitation. La construction, l'atelier de wagons d'Aarau ou celui de locomotives à Coire, les actions publicitaires durant des foires et expositions offrent une large palette d'activités; dans l'impossibilité de collaborer, on peut contribuer à sauvegarder le précieux bien culturel par un don à la Fondation Ligne Sommitale de la Furka.

Fronarbeiten fallen beim Wirt in der Station Furka, beim Getränkeverkauf im Zug und im Café-Wagen sowie beim Gleisbau, Aufräumen und Roden an der Strecke an.

Travaux de bénévolat à toute occasion: pour l'aubergiste à la station Furka, lors de la vente de boissons dans le train et au wagon-café, lors de la construction de la voie, de la mise en ordre et des travaux de jardinage sur la voie.

Tiefenbach–Furka–Muttbach
Milchkühe und Alpenrosen
Vaches et Rhododendrons

Im Juli blühen jeweils die Alpenrosen, die Gräser wachsen nach, und verschiedenste Blumen bringen eine Farbenvielfalt ins Grün der Wiesen.

Folgende Doppelseite: Der obere Teil der Urner Strecke im Garschental in Blickrichtung Furka-Passhöhe mit Steinstafel-Viadukt.

Les rhododendrons sont en fleur en juillet, l'herbe pousse et une flore multicolore égaie les prés.

Double page suivante: Vue en direction du col de la Furka avec le viaduc de Steinstafel et la partie supérieure du tronçon uranais dans la vallée de Garschen.

Die Lokpfeife ruft die Fahrgäste zum Einsteigen. Bald nach der Abfahrt in Tiefenbach nimmt der Zug wieder die Zahnstange zu Hilfe und nähert sich der Alp Steinstafel. Dort wechselt er die Hangseite auf einem formschönen Viadukt mit fünf Natursteinbogen. Kaum zu glauben: Wo sich vor einigen Wochen noch meterhohe Schneemassen türmten, blühen heute die Alpenrosen und andere prächtige Blumen. In gemächlichem Tempo zieht die Zuggarnitur an Rindern und Milchkühen vorbei, die an der steilen Böschung und am Ufer der Furkareuss weiden. Auf einer weiteren Brücke wird der Sidelenbach überquert.

Mit einem langen Pfiff meldet der Lokführer die Zugsankunft der Station Furka (2163 m ü. M.) vor, damit der Wirt dort rechtzeitig seine Würste auf den Grill legen kann. Auf dem höchstgelegenen DFB-Bahnhof gibt es nämlich einen Verpflegungshalt. Während die Hungrigen der Gaststätte zuströmen, begutachten die Bahninteressierten die bald 100-jährige Dampflok. Die Sonne steht gut, um sich vor der rauchenden Maschine zum Erinnerungsfoto einzufinden. Nur zu schnell verrinnt die Zeit. Doch es reicht, um noch aus dem Angebot regionaler Spezialitäten ein Geschenk für die Daheimgebliebenen zu kaufen. Schon ertönt der Ruf «Einsteigen bitte!».

Während zehn Minuten rollt der Zug durch den 1874 Meter langen Furka-Scheiteltunnel. Der Schaffner mahnt, unbedingt die Fenster geschlossen zu halten. Vorerst eine geringe Steigung bis zum Wechsel in den Kanton Wallis und schliesslich ein längeres Gefälle bringen den Nostalgiezug zum Westportal. Dort taucht er ins grelle Sonnenlicht und stoppt zu einem Diensthalt in der Kreuzungsstelle Muttbach-Belvédère (2120 m ü. M.). Das Zugpersonal meldet der Sicherungsanlage «Tunnel frei», und die Passagiere bewundern die zauberhafte Alplandschaft und das Muttenhorn mit seinem Hängegletscher. Nicht zu überhören sind die schrillen Warnpfiffe der Murmeltiere, die ihre Idylle für kurze Zeit mit den Menschen teilen müssen.

Le sifflet de la locomotive invite les passagers à remonter dans le train. A la sortie de Tiefenbach, le train prend de nouveau la crémaillère et s'approche de l'alpage de Steinstafel, où il change de rive sur un viaduc à cinq arches en maçonnerie de pierres naturelles. Incroyable! Il y a quelques semaines, il n'y avait ici que de la neige, et voilà les rhododendrons et d'autres magnifiques fleurs qui embellissent le paysage. Le convoi ferroviaire passe lentement à côté des vaches et des génisses qui paissent sur les coteaux en pente des rives de la Furkareuss. Et voilà un autre pont qui permet d'enjamber le Sidelenbach!

Un coup de sifflet annonce l'arrivée du train à la station Furka (2163 m); ainsi, l'aubergiste peut préparer à temps les saucisses à griller car, dans cette station la plus haute du réseau du DFB, le train fait une halte de ravitaillement. Les affamés vont à l'auberge, les amateurs de trains examinent la locomotive centenaire. La luminosité est excellente et permet de se faire immortaliser en photo devant la machine fumante. Le temps passe bien trop vite, on a encore juste le temps de choisir, dans la palette des spécialistés régionales, le cadeau qui fera plaisir à ceux qui n'ont pas pu venir. Déjà retentit l'appel: «En voiture!»

La traversée du tunnel de faîte de 1874 mètres dure une dizaine de minutes. Le contrôleur rappelle qu'il est impératif de bien fermer les fenêtres. Une légère montée jusqu'à la frontière cantonale, suivie d'une plus longue descente, amènent le train jusqu'au portail ouest et à la halte de Muttbach-Belvédère (2120 m). Le personnel d'accompagnement annonce à la sécurité la libération du tunnel; les passagers admirent le paysage alpin merveilleux et le Muttenhorn avec son glacier suspendu. Les sifflements des marmottes, qui pendant quelques instants doivent partager cette idylle avec les humains, s'entendent loin à la ronde.

Die Alp Steinstafel wird während der Sommermonate bewirtschaftet. Ein grosser Felsblock schützt den Kuhstall vor den Lawinen.
Über den gleichnamigen Viadukt quert die Bahn die Furkareuss ein zweites Mal.

Folgende Doppelseite: Oberhalb der Alp Steinstafel fährt der Dampfzug dem höchstgelegenen Bahnhof Furka entgegen.

L'alpage de Steinstafel est exploité durant les mois d'été. L'étable à vaches est protégée des avalanches par un bloc erratique.
Le viaduc de Steinstafel permet au train de franchir la Furkareuss une deuxième fois.

Double page suivante: Au-dessus de l'alpage de Steinstafel, le train avance vers la station Furka, la plus haute du trajet.

Die von der MGBahn als Dauerleihgabe übernommene HG 3/4 Nr. 4 machte im Spätsommer 2006 nach ihrer Totalrevision erste Probefahrten. Während die Dampflok mit voller Leistung in der Zahnstange am Hang hochsteigt, fliesst der schäumende Sidelenbach der Furkareuss entgegen.

Après sa révision totale, la HG 3/4 n° 4, reçue en prêt de longue durée du MGB, faisait ses premières courses d'essais à la fin de l'été 2006. La loc monte la pente à pleine puissance dans la crémaillère, le Sidelenbach coule vers la Furkareuss.

In der Station Furka machen die Dampfzüge jeweils eine längere Verschnaufpause, die von den Gästen für eine Zwischenverpflegung genutzt werden kann.

A la station Furka, les voyageurs mettent à profit la pause prolongée pour se restaurer.

Die DFB-Lokführer tragen wie früher in der Dampfzeit einheitlich Gilet, Halstuch, Mütze und die Eisenbahner-Taschenuhr.
Die Lok HG 2/3 Nr. 6 wird vor den Talfahrten auf der Drehscheibe in der Station Furka abgedreht, weil ihr Kessel immer bergwärts stehen muss.

Vorangehende Doppelseite: Der auf Distanz nachfolgende Entlastungszug hat den Fahrplanzug mit Lok Nr. 1 in der Station Furka eingeholt.

Folgende Doppelseite: Ostportal des Scheiteltunnels mit der Station Furka.

Les conducteurs de locomotives du DFB portent uniformément gilet, foulard, casquette et la montre de poche du cheminot.
La loc HG 2/3 n° 6 doit être tournée sur la plaque tournante à la station Furka, car la boîte à feu de sa chaudière doit toujours se trouver en bas.

Double page précédente: A la station Furka, le train de dédoublement, qui suivait à distance, a rattrapé le train régulier remorqué par la loc n° 1.

Double page suivante: Portail est du tunnel de faîte avec la station Furka.

Furka-Scheiteltunnel
Tunnel de faîte de la Furka

Nach der Stilllegung der Furka-Bergstrecke war der 1874 Meter lange Scheiteltunnel verschlossen worden. Am 29. September 1986 wurde er erstmals wieder begangen. Dabei zeigten sich an der Auskleidung der Tunnelröhre teilweise starke, durch Frosteinwirkung ausgelöste Deformationen. Der aufgebrachte Spritzbeton war an mehreren Stellen beschädigt oder abgesprengt. Auch das Lichtraumprofil konnte nicht mehr überall garantiert werden. Die Experten bestätigten, dass die angetroffenen Schäden mit vertretbaren Kosten und in mehrjährigen Etappen behoben werden könnten. Am 17. September 1988 durfte das erste Schienenfahrzeug und am 10. September 1992 erstmals ein Dampfzug durch die Felsröhre fahren. 1998 startete ein mehrjähriges Sanierungsprogramm zur Gewölberekonstruktion auf rund 900 Meter Tunnellänge. Die Arbeiten umfassten die Fugensanierung, die verbesserte Ableitung des Sicker- und Quellwassers, die Verstärkung von Widerlagern und Kalotten sowie den Ausbruch einer Felsnische beim Westportal und die Installation einer durchgehenden Elektroleitung. Die oberirdischen Wasserläufe im Portalbereich wurden besser gefasst, um das Einsickern von Berg- und Oberflächenwasser ins Tunnelbauwerk zu vermindern. Heute ist der Scheiteltunnel mit einer signalmässigen Streckenblockeinrichtung ausgestattet, die nur einen Zug gleichzeitig im Tunnel zulässt und Gegenfahrten verhindert. Die entsprechende Sicherungsanlage ist in der Station Furka untergebracht. Der Kulminationspunkt im Scheiteltunnel liegt auf 2165 m ü. M. und die Kantonsgrenze Uri/Wallis ziemlich genau in der Tunnelmitte.

Après la mise hors service de la ligne sommitale de la Furka, le tunnel de faîte, long de 1874 mètres, a d'abord été condamné. Ce n'est que le 29 septembre 1986 qu'il a de nouveau été parcouru. A cette occasion ont été constatées des déformations du revêtement du tube provoquées par le gel. Le béton projeté était endommagé à plusieurs endroits ou s'était écaillé. Le gabarit aussi n'était plus garanti sur toute la longueur de l'ouvrage. Les experts ont confirmé que les dégâts pouvaient être réparés à un prix raisonnable. Le 17 septembre 1988, le premier véhicule ferroviaire a pu passer le tunnel, suivi le 10 septembre 1992 par le premier train à vapeur.
En 1998, un programme pluriannuel a été lancé pour la reconstruction de la voûte sur une longueur de 900 mètres. Les travaux concernaient l'assainissement des joints, l'amélioration de l'évacuation des eaux d'infiltration, le renforcement des culées et des calottes ainsi que la création d'une niche près du portail ouest et la pose d'une conduite électrique. Les cours d'eaux de surface près du portail ouest ont été mieux captés pour diminuer les infiltrations dans le tunnel. Maintenant, le tunnel de faîte est équipé d'un block de ligne lumineux qui n'autorise qu'un seul train à la fois dans le tunnel et empêche toute circulation en sens contraire. Les installations de sécurité se trouvent à la station Furka.
Le point culminant du tunnel se trouve à 2165 mètres sur mer et la frontière cantonale Uri/Valais se situe près du milieu du tunnel.

Diesellok HGm 51 anlässlich einer ersten Scheiteltunnel-Inspektionsfahrt im Jahr 1988.

Locomotive diesel HGm 51 lors de la première course d'inspection du tunnel sommital en 1988.

Rechte Seite: Das 1981 bis 1988 vergitterte Westportal und die Tunnelröhre mit der durch Bergdruck und Frosteinwirkung ins Lichtraumprofil ragenden Gewölbemauerung (1988).

Page de droite: Le portail ouest grillagé de 1981 à 1988 et le tunnel avec de la maçonnerie qui, suite à la pression de terrain et à l'effet du gel, avance dans le gabarit de libre passage (1988).

Der Dampfzug hat das Westportal des Scheiteltunnels verlassen und fährt in die Kreuzungsstelle Muttbach-Belvédère ein (rechts). Auf Distanz folgt ihm die Draisine Xmh 1/2, während noch Rauch aus dem Tunnel quillt.

Le train à vapeur a quitté le portail ouest du tunnel de faîte et entre dans la halte de croisement de Muttbach-Belvédère (à droite). La draisine Xmh 1/2 suit à distance, alors que de la fumée sort encore du tunnel.

Zugskreuzung in Muttbach-Belvédère vor der Kulisse der Gärstenhörner.
Im Muttbach fliesst das Schmelzwasser vom Muttgletscher zur Rhone hinunter. Die Richtung Realp fahrenden Züge erhalten für die Fahrt durch den Scheiteltunnel Schubhilfe durch eine Diesellok.

Croisement de trains à Muttbach-Belvédère devant la coulisse des Gärstenhörner.
Les eaux de fonte du glacier de Mutt coulent en direction du Rhône. Soutien des trains circulant en direction de Realp par une loc diesel en pousse lors du passage du tunnel de faîte.

Muttbach–Gletsch
Talfahrt mit Gletscherblick
Descente avec vue sur le glacier

Gletscherwanderung auf dem Rhonegletscher, dessen Oberfläche mit Staub, Erde und Steinen bedeckt ist.

Folgende Doppelseiten: Das Führen der Dampfloks erfordert neben höchster Konzentration auch viel Kraft zum Steuern der Adhäsions- und Zahnradantriebe.

Einen Tag vor Ende der Fahrsaison, am 4. Oktober 2008, hatte bereits ein Schneefall die Landschaft «überzuckert».

Randonnée sur le glacier du Rhône, dont la surface est recouverte de poussière, de terre et de pierres.

Doubles pages suivantes: La conduite des locomotives à vapeur exige de la concentration et beaucoup de force pour manœuvrer les commandes des propulsions par adhérence et par crémaillère.

Un jour avant la fin de la saison d'exploitation, le 4 octobre 2008, le paysage a déjà été saupoudré de neige.

Nach der Abfahrt in Muttbach-Belvédère (2120 m ü. M.) rasten die Zahnräder wieder in die Zahnstange ein. Die Lok HG 3/4 hat nun den steilsten Abschnitt der Furka-Bergstrecke zu meistern. Die Rampe hinunter zur Passstrasse und weiter in Richtung Gletsch verfügt seit ihrer Aufarbeitung über ein Gefälle von 118 Promille.

Gegen Norden erheben sich die Gärstenhörner und sorgen für einen zauberhaften Kontrast zu den beweideten Alpwiesen. Am rechten Hang zeigt sich hoch oben das Berghotel Belvédère. In seiner Nachbarschaft breitet sich in einer tiefen Mulde der aktuell noch 8,7 Kilometer lange Rhonegletscher aus. Sein über 200-jähriges Eis mit der Quelle der Rhone wird von den Reisenden schon ungeduldig erwartet. Leider ist heute vom Zugfenster aus nur noch die Spitze des Eisstromes zu sehen, der sich seit den 1980er-Jahren ungewöhnlich rasch über die Felskante zurückzieht. Seine einstige Grösse lässt sich aufgrund der von den Gletschermassen abgeschliffenen Gesteins- und Geröllpartien gut abschätzen. Wo in der ersten Hälfte des 19. Jahrhunderts noch Eis lag, steht heute die Kleinsiedlung Gletsch mit den im historischen Stil erhalten gebliebenen Gebäuden des Grand Hotel Glacier du Rhône.

Der Dampf entweicht rhythmisch aus den Zylindern und hilft der Lokomotive, den Zug bei der Talfahrt abzubremsen. Allmählich kommt der Talboden mit der jungen Rhone näher. An ihrem Ufer wandern Gäste auf dem Naturlehrpfad und bewundern die seltene Flora. Beim quer im Tal errichteten Blauhaus erreicht der Zug den Bahnhof Gletsch (1762 m ü. M.), wo er abermals eine Rast einlegt. Er wird von zahlreichen Zaungästen freudig begrüsst. Aussteigende Reisende wechseln über einen Brückensteg auf die andere Rhoneseite, um zum Stationsgebäude und zur Hotelgaststätte zu gelangen. Dort werden sie auch schon von den Postautos erwartet, die sie später je nach Wunsch über die Grimsel- oder Furka-Passstrasse zu weiter entfernten Zielen bringen werden.

Après le départ de Muttbach (2120 m), les pignons s'engagent de nouveau dans la crémaillère. Devant la loc HG 3/4 se trouve le tronçon avec la plus forte inclinaison de toute la ligne. Depuis sa rénovation, la pente atteint 118 pour mille avant et après le franchissement de la route à Muttbach.

Au nord, les Gärstenhörner contrastent avec le vert des pâturages alpins. Sur la droite, l'hôtel Belvédère s'accroche au coteau. A proximité, le glacier du Rhône, qui mesure encore 8,7 kilomètres actuellement, se fond dans une dépression du terrain. Les passagers attendent avec impatience de voir sa glace plus que bicentenaire et la source du Rhône. Depuis le train, on peut encore distinguer la pointe du fleuve glaciaire, qui depuis les années 1980 se retire particulièrement vite derrière les arêtes rocheuses. Les rocs polis par les masses de glace, les moraines et les éboulis permettent de se faire une idée de sa grandeur d'antan. L'emplacement actuel de la localité de Gletsch, avec ses bâtiments du Grand Hôtel Glacier du Rhône conservés à l'état d'origine, était encore partiellement recouvert de glace au début du XIXe siècle.

La vapeur qui s'échappe des cylindres de la locomotive aide au freinage lors de la descente. Le fond du vallon de Gletsch, parcouru par les méandres du jeune Rhône, s'approche lentement. Des randonneurs y explorent le sentier-nature et la flore étonnante de ces lieux. Près de la «Maison bleue», construite perpendiculairement à la vallée, le train atteint la gare de Gletsch (1762 m), où il fera une halte. Il est salué par de nombreux badauds ravis. Les passagers descendent du train et empruntent une passerelle sur le Rhône pour se rendre au bâtiment d'accueil et le restaurant de l'hôtel sur l'autre rive, où les attendent les bus du car postal qui les emmèneront plus tard vers d'autres destinations par-dessus les cols du Grimsel ou de la Furka.

Beim Niveauübergang «Muttbach» über die Furka-Passstrasse begegnet der Zug einem Nostalgie-Postauto mit Baujahr 1946.

Folgende Doppelseite: Der Dampfzug steigt zum Gletschboden ab, wo sich die beim Gletscher entsprungene Rhone durch das Naturschutzgebiet schlängelt (rechts oben Hotel Belvédère).

Rencontre entre le train et un autobus postal nostalgique de 1946 au passage à niveau «Muttbach», sur la route du col de la Furka.

Double page suivante: Le train à vapeur descend en direction du fond de la cuvette de Gletsch, où le jeune Rhône, qui vient de jaillir du glacier, décrit des méandres dans le site naturel protégé (à droite en haut l'hôtel Belvédère).

Bei der weiteren Talfahrt sieht man unten bereits die Siedlung Gletsch mit dem Hotel Glacier du Rhône (rechte Seite). Beim Blauhaus überquert der Zug ein zweites Mal die Furka-Passstrasse und erreicht schliesslich den Bahnhof Gletsch.

Au cours de la descente, on distingue le hameau de Gletsch avec l'hôtel Glacier du Rhône (page de droite).
A l'angle de la Maison bleue, le train franchit une deuxième fois la route du col de la Furka et entre finalement en gare de Gletsch.

Das restaurierte Aufnahmegebäude des Bahnhofs Gletsch und abfahrbereite Dampfzüge während der Mittagspause (links).
Der Rhonegletscher hat sich in den letzten Jahrzehnten sehr stark zurückgezogen. Heute ist vom Zug aus nur noch ein kleiner Rest seiner Spitze zu sehen. Bergpanorama (von rechts): Furkahörner und Sidelenhorn.

Folgende Doppelseite: Die historisch erhalten gebliebene Siedlung Gletsch nach der Zugsankunft. Das quer stehende Blauhaus ist heute im Besitz der Dampfbahn DFB.

Le bâtiment d'accueil rénové et des trains à vapeur prêts au départ lors de la pause de midi (à gauche).
Le glacier du Rhône a fortement régressé au cours de ces dernières décennies. De nos jours, on ne voit plus qu'une partie de sa pointe depuis le train. Panorama (depuis la droite): Furkahörner et Sidelenhorn.

Double page suivante: La cité historique de Gletsch après l'arrivée du train. La Maison bleue, construite perpendiculairement à l'axe de la vallée, appartient maintenant à l'enterprise DFB.

Zwischenhalt in Gletsch
Arrêt intermédiaire à Gletsch

Gletsch hat ein Ortsbild von nationaler Bedeutung und wird vom Hotel Glacier du Rhône dominiert, das 1857 bis 1914 in mehreren Ausbauetappen entstanden ist. Die sanft renovierten Räumlichkeiten des Restaurants und die zeitgemäss ausgestatteten Fremdenzimmer bieten freundliche Gastlichkeit in historischer Atmosphäre. Sehenswert ist auch die 1908 erbaute anglikanische Kapelle östlich des Hotels. Das Nebengebäude am anderen Rhoneufer, das sogenannte Blauhaus, nutzt heute die Dampfbahn DFB als autonomen Stützpunkt mit Personalunterkünften, Kantine, Werkstätten und Lagerräumen. Gleich hinter diesem Gebäude befindet sich eine kleine Käserei mit Verkauf von Alpkäse und Ziger.

Die geschützte Auenlandschaft des Gletschbodens kann auf einem Naturlehrpfad erkundet werden. Hier lassen sich die Stufen der Besiedlung des nackten Felsens durch Pflanzen und Tiere nach dem Zurückweichen des Rhonegletschers verfolgen. Da zeigt sich eine erdgeschichtlich bedeutende Phase in geraffter Form.

Zusätzlich sind in Gletsch weitere kulturell und technisch wertvolle Schätze zugänglich gemacht worden. Darüber kann sich der durchreisende Gast im ehemaligen Postgebäude erkundigen, wo ihm ein betreuter Info-Point mit einer umfangreich dokumentierten Ausstellung offen steht.

Zwei Kleinkraftwerke von 1899 und 1948 sind eindrückliche Beispiele der frühen industriellen Wasserkraftnutzung. Weitere Sehenswürdigkeiten sind die hydrometrische Messstation an der Rhone, die historische Wetterstation im Hotelpark oder die Ausstellung «WASSER FORUM» im Blauhaus.

Gletsch est un site d'importance nationale dominé par l'hôtel Glacier du Rhône, construit en plusieurs étapes entre 1857 et 1914. Les pièces des chambres et du restaurant, délicatement restaurées, fleurent bon l'hospitalité dans une atmosphère historique. Il faut visiter la chapelle anglicane, construite en 1908 à l'est de l'hôtel. La Maison bleue, une annexe sur l'autre rive du Rhône, est actuellement utilisée comme point d'appui par le Train à vapeur. Elle comprend les quartiers du personnel, la cantine, des ateliers et dépôts. Juste derrière ce bâtiment se trouve une petite fromagerie qui vend du fromage d'alpage et du sérac.

Une randonnée, à la découverte du paysage protégé du fond du vallon de Gletsch, permet de découvrir un condensé des différentes étapes importantes de la reconquête, par la flore et la faune, des terres libérées par le glacier du Rhône se retirant.

D'autres trésors culturels et techniques ont été rendus accessibles au public et attendent le visiteur à Gletsch. Le voyageur de passage obtient des renseignements à ce sujet dans l'ancien bâtiment postal, qui abrite un Point Info avec des expositions richement documentées.

Deux petites centrales électriques de 1899 et 1948 sont d'impressionnants exemples représentatifs des débuts de l'utilisation industrielle de l'énergie hydraulique. D'autres objets dignes d'attention sont la station hydrométrique sur le Rhône, la station météorologique historique dans le parc de l'hôtel ou l'exposition «Forum de l'eau» à la Maison bleue.

Vielfältiges Gletsch: Fahrten mit Oldtimer-Postautos, nostalgische Atmosphäre im Hotel Glacier du Rhône, alte Technik, Naturlehrpfad oder Verpflegungspause auf der Sonnenterrasse.

Folgende Doppelseite: Erstmals Dreizugbetrieb nach Gletsch (2001).

Gletsch varié: courses avec les autobus postaux historiques, atmosphère nostalgique à l'hôtel Glacier du Rhône, technique ancienne, sentier-nature didactique ou pause sur la terrasse ensoleillée.

Double page suivante: Pour la première fois trois trains pour Gletsch (2001).

Die über 100-jährige Triebfahrzeug-Technik verlangt zuverlässige Pflege und Unterhaltung. Für einen sicheren Bahnbetrieb sorgen selbstverständlich auch die Zugbegleiter/innen und das Fahrdienstpersonal mit entsprechender Fachausbildung und Uniform.

Folgende Doppelseite: Am 12. August 2010 durfte die Strecke Gletsch–Oberwald wiedereröffnet werden. Seitdem wird auch der Strassenübergang unterhalb von Gletsch wieder von Reisezügen befahren.

La technique plus que centenaire des engins de traction exige des soins et un entretien fiables. Le personnel accompagnant et les gens du service des trains formés et en uniforme garantissent un fonctionnement en toute sécurité.

Double page suivante: Le 12 août 2010, le tronçon Gletsch–Oberwald a pu être rouvert. Depuis, le passage à niveau sur route en aval de Gletsch est aussi fréquenté par les trains voyageurs.

Gletsch–Oberwald

An der jungen Rhone
En côtoyant le Rhône juvénile

Der Gletsch-Kehrtunnel und der Rhoneviadukt sind die wichtigsten Bauwerke an der neu eröffneten Strecke Oberwald–Gletsch.

Le tunnel hélicoïdal de Gletsch et le viaduc du Rhône sont les plus importants ouvrages d'art sur le tronçon Gletsch–Oberwald, nouvellement remis en service.

Im Sommer 2010 wurde auch der letzte, 1981 stillgelegte Abschnitt der Furka-Bergstrecke wieder für den Nostalgie-Zugverkehr eröffnet. So macht der von Realp herkommende Zug heute in Gletsch nur noch einen kurzen Zwischenhalt. Bei der anschliessenden halbstündigen Abenteuerfahrt nach Oberwald werden die bisher erlebten Sensationen noch überboten. Die Dampfbahn hat vorerst im 578 Meter langen Gletsch-Kehrtunnel einen steilen Gefällsbruch zu bezwingen. Dabei dreht das Zahnstangengleis im Felsinnern in einer Spirale um 336 Grad und schraubt sich mit 80 Meter Kurvenradius um 46 Höhenmeter talwärts. Direkt beim unteren Portal führt die Strecke dann auf den drei Mauerbogen eines Naturstein-Viadukts über die weiss schäumende Rhone. Hinter dem Zug bleibt der Hang mit den Serpentinenkurven der Grimsel-Passstrasse zurück. In einem recht engen Talabschnitt folgen die Schienen der noch jungen Rhone bis zur Baumgrenze hinunter, wo sie im Schatten eines Lärchenwaldes auf der Lammenbrücke erneut die Hauptstrasse überqueren.

Wenig später überrascht abermals eine reiche Blumenpracht. Unterhalb des Gleises kündigen die Kirche und erste Häuser das Walliser Dorf Oberwald an. Beim Blick in westlicher Richtung entdeckt der Reisende die in der Ferne aufragende Pyramide des Weisshorns mit den ganzjährig sichtbaren Schneefirnen. Die Ferienregion Goms mit ihren schmucken Dörfern und den sonnengebräunten Lärchenholz-Gebäuden ist der attraktive Endpunkt der Dampfbahn Furka-Bergstrecke. Die Wald- und Wiesenhänge bieten vielfältige Möglichkeiten für Wanderungen, Sport und Fahrradtouren.

Die Gleisanlage des neu errichteten DFB-Bahnhofs Oberwald (1366 m ü. M.) liegt in direkter Nähe zu den Gleisen der MGBahn, damit die Gäste von guten Anschlüssen zwischen Bahnen und Postautos profitieren können. Ausserdem kann man bei Bedarf durch den Basistunnel innert gut zwanzig Bahnminuten zum Ausgangspunkt Realp zurückkehren.

En été 2010, le dernier tronçon de la ligne sommitale de la Furka, désaffecté en 1981, a aussi été remis en service pour les trains à vapeur nostalgiques. Ainsi, les convois ne font plus qu'un arrêt intermédiaire à Gletsch. Le spectacle sensationnel qui vous attend lors du voyage d'une demi-heure vers Oberwald surpasse ce que vous avez pu admirer jusqu'ici. Pour commencer, le train doit venir à bout d'une chute d'altitude de 46 mètres au moyen d'un tunnel hélicoïdal de 578 mètres, dans lequel la crémaillère décrit une spirale d'un rayon de 80 mètres et de 336 degrés dans la roche. Au portail inférieur, la voie s'engage immédiatement sur le viaduc du Rhône, aux trois arches en maçonnerie de pierres naturelles. Après avoir franchi le fleuve tumultueux, la voie le suit dans la descente à travers les gorges et laisse derrière elle les lacets de la route du col du Grimsel. Dans une forêt de mélèzes, elle franchit une nouvelle fois la route cantonale sur le pont de Lammen et, peu après, traverse des prés à la floraison surprenante.

En contrebas, on découvre alors les maisons et l'église du village valaisan d'Oberwald. A l'ouest se dresse au lointain la pyramide blanche du Weisshorn, recouverte de neige toute l'année. Avec ses villages bucoliques et ses maisons en bois de mélèze noircis au soleil, la vallée de Conches est une région de villégiature très attractive, située au terminus de la Ligne sommitale de la Furka. Les chemins à travers prés et forêts sont autant d'invitations à faire des randonnées, du sport ou des tours à bicyclette.

Les installations de la nouvelle gare DFB à Oberwald (1366 m) jouxtent celles du MGB et offrent de bonnes correspondances avec le train et le car postal. Le tunnel de base de la Furka permet de rejoindre le point de départ à Realp en vingt minutes.

Langsam nähert sich der von Oberwald herkommende Zug dem Bahnhof Gletsch.

Folgende Doppelseite: Oberhalb des Kehrtunnels öffnet sich dann die Schlucht zu einem breiteren und flacheren Talabschnitt, wo die Siedlung Gletsch liegt.

Lentement, le train en provenance d'Oberwald s'approche de la gare de Gletsch.

Double page suivante: En amont du tunnel hélicoïdal, les gorges s'ouvrent et font place à une vallée plus large et plate où se trouve la cité de Gletsch.

Die Einfahrt in den 578 m langen Gletsch-Kehrtunnel erfolgt über den Rhoneviadukt (rechts). Drei Minuten später verlässt der Zug die Felsröhre beim oberen Portal.

Folgende Doppelseite: Der vollständig sanierte Natursteinviadukt mit der schäumenden Rhone und den Serpentinen der Grimsel-Passstrasse im Hintergrund wurde sofort sehr beliebt für Foto- und Filmaufnahmen.

L'entrée dans le tunnel hélicoïdal de Gletsch, long de 578 m, a lieu par le viaduc du Rhône (à droite). Trois minutes plus tard, le train quitte le tube par le portail supérieur.

Double page suivante: Le viaduc entièrement assaini en maçonnerie de pierres naturelles enjambant le Rhône bouillonnant, avec les lacets de la route du col du Grimsel en arrière-plan, est immédiatement devenu un sujet de prises de vues très apprécié.

Für die Strassenbenützer überraschend taucht der Zug am oberen Ausgang des Gletsch-Kehrtunnels auf. Direkt über dem Portal beschreibt die Passstrasse eine sehr enge Kurve.

Blick vom Rhoneviadukt talauswärts gegen Galmihorn, Mittaghorn, Pizzo Galina und Pizzo Nero (von rechts); auf ihrer anderen Seite liegt der Nufenenpass. Links ist der Wanderweg zu erkennen, der entlang der Rhone und der Bahnstrecke talwärts führt.

Pour les usagers de la route, le train apparaît de manière surprenante à la sortie supérieure du tunnel hélicoïdal de Gletsch. Juste au-dessus du portail, la route du col vire en épingle à cheveux.

Vue depuis le viaduc du Rhône en direction de la sortie de la vallée vers le Galmihorn, Mittaghorn, Pizzo Galina et Pizzo Nero (depuis la droite); sur leur versant opposé se trouve le col du Nufenen. A gauche, le chemin de randonnée descend la vallée en suivant le Rhône et la voie ferrée.

Wiederaufbau Oberwald–Gletsch
Reconstruction Oberwald–Gletsch

Mit dem Spatenstich am 27. Juni 2006 in Oberwald ging die Strecke offiziell in den Besitz der Stiftung Furka-Bergstrecke über. Der Wiederaufbau hatte bereits im Vorjahr begonnen. Inzwischen wurde die Sanierung mit Kosten von rund 3,5 Millionen Franken abgeschlossen und das Streckengleis mit über 360 Tonnen Oberbaumaterial und rund 3500 Tonnen Bahnschotter betriebsfähig hergerichtet. Während der Bausaison zwischen Juni und November waren jeweils bis zu 350 Personen mit diesem Projekt beschäftigt. Dazu standen vorwiegend Frondienstmitarbeiter und -mitarbeiterinnen aus der Schweiz, aus Deutschland und den Benelux-Staaten im Einsatz, die innert fünf Jahren mehrere tausend Arbeitsstunden leisteten. Ein Gehalt erhielten einzig die bedarfsweise beigezogenen Gleisbau-Fachkräfte, Baumaschinenführer, Lastwagenfahrer und die Spezialisten für Rohrschweissarbeiten. Erste Arbeiten begannen bereits 2004 mit der Streckenräumung. Die Natur hatte die Bahnstrecke während ihres mehr als zwanzig Jahre dauernden Dornröschenschlafes in Besitz genommen. Unkraut, Sträucher und Jungbäume wuchsen auf dem rostigen und stellenweise von Geröll bedeckten Schienenstrang. Nach der Bestandesaufnahme der Schäden folgten umgehend Forstarbeiten und die Sanierung der Stützmauern, Natursteinbrücken und Lehnenviadukte. Gleichzeitig widmeten sich die Fronarbeiter dem noch vornehmlich aus der Bauzeit von 1912 bis 1914 stammenden Gleis und den Zahnstangen, die sie zusammen mit dem Schotter vollständig entfernten. Die fachliche Beurteilung des 578 Meter langen Gletsch-Kehrtunnels ergab glücklicherweise nur wenige Schäden, die umgehend behoben werden konnten.

Avec le premier coup de pioche du 27 juin 2006 à Oberwald, la ligne est passée en possession de la Fondation Ligne Sommitale de la Furka. La reconstruction proprement dite avait déjà commencé l'année précédente. Depuis, l'assainissement a été mené à terme pour un montant d'environ 3,5 millions de francs et la voie remise en état par la mise en place de plus de 360 tonnes de matériel de superstructures et environ 3500 tonnes de ballast. Durant la saison de construction, entre juin et novembre, ce projet occupait jusqu'à 350 personnes. Des bénévoles de Suisse, d'Allemagne, des Pays-Bas et de Belgique s'y étaient engagés, réalisant en cinq ans plusieurs milliers d'heures de travail. Un salaire n'était versé qu'aux constructeurs de voie spécialisés, machinistes, chauffeurs de poids-lourds ou soudeurs spécialistes, engagés en cas de nécessité.
Les premiers travaux avaient déjà commencé en 2004 avec le déblaiement de la voie. Durant les vingt années de léthargie, la nature avait repris possession de la ligne. Herbes, buissons et arbrisseaux poussaient à travers rails et traverses, parfois recouverts d'éboulis. Immédiatement après l'inventaire des dégâts ont suivi les travaux de bûcheronnage et d'assainissement des murs de soutènement, des ponts en maçonnerie de pierres naturelles et des viaducs. En même temps, les bénévoles se consacraient à l'enlèvement total du ballast, des rails et rails-crémaillère, qui datent pour la plupart encore de l'époque de la construction, de 1912 à 1914. L'évaluation par des spécialistes de l'état du tunnel hélicoïdal de Gletsch, long de 578 mètres, n'a heureusement révélé que peu de dégâts, réparés immédiatement.

Der Rhoneviadukt und das untere Portal des Kehrtunnels Gletsch sowie das Streckengleis oberhalb Oberwald bei Beginn der Aufarbeitung (linke Seite); Sanierung von Brücken und Stützmauern sowie Gleisarbeiten und Einschottern (rechte Seite).

Le viaduc du Rhône et le portail inférieur du tunnel hélicoïdal de Gletsch, ainsi que la voie directe en amont d'Oberwald au début de la reconstruction (page de gauche); assainissement des ponts et des murs de soutènement, ainsi que travaux de la voie et ballastage (page de droite).

Bei warmem Sommerwetter darf auch im offenen Aussichtswagen gereist werden. Rollläden schützen vor dem Rauch in den Tunneln und die Plattformen vor dem rauchenden Zugpersonal.

Vorangehende Doppelseite: Die Lammenbrücke musste zwei ihrer Natursteinbögen dem Strassenausbau opfern.

Folgende Doppelseite: Bei der Bergfahrt kann man oberhalb des Rätischbachs ein letztes Mal zum Bahnhof und zum Dorf Oberwald hinunterblicken.

Par beau temps, on peut aussi voyager dans les voitures panoramiques ouvertes. Des stores à rouleaux protègent de la fumée dans les tunnels et les plates-formes du personnel fumeur.

Double page précédente: Deux arches en pierres naturelles du pont de Lammen ont été sacrifiées à l'élargissement de la route.

Double page suivante: Dernier coup d'œil sur le village et la gare d'Oberwald, après avoir passé le pont du Rätischbach dans le sens de la montée.

Anschluss in Oberwald
Raccordement à Oberwald

Das Bauprogramm umfasste nicht nur die Rekonstruktion des Gletsch-Kehrtunnels, der Brücken und Stützmauern. Es mussten unter anderem auch ein durchgehender Kabelkanal mit Druckwasserleitung und im Waldbereich eine Brandschutzanlage mit ferngesteuerter Sprinklereinrichtung errichtet werden.

Eine besondere Herausforderung brachte die Projektierung des Anschlussbauwerks in Oberwald. Dort war die ursprüngliche Gleisverbindung anlässlich einer neuen Strassenführung 1982 zurückgebaut worden. Aufgrund der Geländeverhältnisse in diesem Bereich war auch bei der Neutrassierung wieder ein durchgehender Zahnstangenabschnitt nötig. Da die Zahnstange die Schienenoberkante etwas überragt, musste beim Niveauübergang der Hauptstrasse zur Sicherheit der Strassenfahrzeuge eine international einzigartige Einrichtung konstruiert werden: Wenn die Schranken geschlossen sind, lassen sich die Zahnstangen-Segmente auf 9,5 Meter Länge elektromechanisch auf die Bahnbetriebshöhe anheben. Ausserhalb der Zugsfahrten lagern sie im Bodenbelag versenkt.

Nach dem Strassenübergang folgt die Einfahrt in den DFB-Bahnhof Oberwald, der direkt neben der bestehenden Gleisanlage der Matterhorn Gotthard Bahn vollständig neu errichtet wurde. Er besteht aus zwei Bahnsteiggleisen, einer Drehscheibe, der Brauchwasser-Versorgung mit zwei Wasserkränen und dem für den Fahrzeugaustausch notwendigen Schienenanschluss zur MGBahn.

Die Wiedereröffnung der Strecke Oberwald–Gletsch fand am 12. August 2010 statt. Eine Woche später wurde der Fahrplanbetrieb aufgenommen.

Le programme de construction n'englobait pas seulement la restauration du tunnel hélicoïdal de Gletsch, des ponts et des murs de soutènement. Il a aussi fallu mettre en place une gouttière électrique sur toute la longueur et une canalisation d'eau sous pression avec, dans la zone forestière, un système d'extinction par arrosage télécommandé.

Le chantier de raccordement à Oberwald a été un défi pour plusieurs raisons. La voie avait été arrachée en 1982 dans cette région pour modifier le tracé de la route. Malgré le réaménagement actuel du terrain, une section à crémaillère continue restait obligatoire dans cette zone. Comme le rail-crémaillère dépasse la face supérieure du rail, il a fallu développer et construire une installation unique au monde pour le passage de la route cantonale. Après la fermeture des barrières, les segments des rails-crémaillère peuvent être relevés électro-mécaniquement à la hauteur prévue dans les normes d'exploitation. En l'absence de convoi, ils sont abaissés sous le revêtement de la route.

Après le passage à niveau suit l'entrée en gare DFB Oberwald, construite à neuf à côté des installations ferroviaires du chemin de fer Matterhorn Gothard (MGB). Elle comporte deux voies à quai extérieur, une plaque tournante, une alimentation en eau industrielle avec deux grues à eau et un raccordement aux voies du MGB pour l'échange de véhicules.

La réouverture du tronçon Oberwald–Gletsch a en lieu le 12 août 2010. Le service régulier débuta une semaine plus tard.

Verlegung von Kabeln und Rohrleitungen entlang der Strecke (2007); Bau der Drehscheibe und der neuen Streckenführung in Oberwald (2009).

Rechte Seite: Der neue DFB-Bahnhof Oberwald kam südlich der Gleisanlagen der MGBahn zu liegen.

Pose de câbles et de tubes le long de la voie (2007); construction de la plaque tournante et du tracé de la ligne à Oberwald (2009).

Page de droite: La nouvelle gare DFB Oberwald a été implantée au sud des installations des voies du MGB.